EDUCANDO A LOS PA[...] EN EL MUNDO DIGITAL

UNA GUÍA PASO A PASO PARA LA SEGURIDAD EN EL INTERNET

SEGUNDA EDICIÓN

Autor Clayton Cranford, M.A.

Traducción al español por: Susana Kitayama

ISBN 9781985072305

Una dedicación a mi familia

El programa Cyber Safety Cop, mi trabajo combatiendo el tráfico de humanos, y este libro, sencillamente no serían posible realizarlos sin contar con el amor, la paciencia, la generosidad y la ayuda que he recibido de mi familia. Este libro está dedicado a ellos:

A mi indomable esposa Gretchen, quien me ha brindado su apoyo firme y constante, a nuestros dos hijos Clay y Zachary, quienes sienten pasión por la tecnología y son y siempre serán mis chiflados.

A mis padres Otis y Patricia, quienes me enseñaron a hacer el bien en el mundo, servir a otros, y ser honesto con uno mismo. A mis dos hermanos mayores Michael y Matthew, quienes me introdujeron al mundo de las computadoras y la tecnología cuando la *Commodore 64* estaba en la vanguardia. Y a mi hermana Kimberly, cuya memoria es una dulce presencia que me acompaña todos los días de mi vida.

Y finalmente, este libro está también dedicado a los padres, maestros, directores, oficiales encargados del cumplimiento de la ley, y consejeros por su dedicación y entrega diaria para mantener seguros a nuestros hijos. Muchas gracias a todos ellos.

Contenido

Prefacio

Muchas gracias por haber adquirido la segunda edición de mi libro, Educando a los Padres en el Mundo Digital (*Parenting in the Digital World*, en inglés). Han transcurrido ya dos años desde que publiqué la primera edición y desde entonces han ocurrido muchos avances nuevos en la tecnología. Contamos ahora con nuevos dispositivos, nuevos sistemas operativos; pero al mismo tiempo, existen aún muchas cosas que no han cambiado. Los padres, educadores y el personal encargado del cumplimiento de la ley, continúan enfrentando un sinúmero de incidentes relacionados con la explotación sexual en línea, las amenazas, la intimidación, el acoso, el daño autoinflingido y el suicidio. En esta segunda edición, además de incluir nuevas aplicaciones y dispositivos, le brindaré ayuda guiándolo en las conversaciones críticas que todo padre debe tener con su hijo acerca de la pornografía y el comportamiento amenazante. La tecnología es un objetivo en movimiento, y nosotros debemos estar al tanto de los nuevos y cambiantes retos que están enfrentando nuestros hijos.

Al sostener una conversación con la directora de una escuela primaria, después que terminé de presentar un taller informativo sobre la Seguridad Cibernética (*Cyber Safety Workshop*, en inglés) a un grupo de 150 alumnos del 5.º grado, ella recalcó lo importante que es esta educación para sus estudiantes y lo decepcionada que estaba debido al bajo número de padres que asistieron al taller para padres que yo había ofrecido la semana anterior.

"Todos los padres de cada uno de los niños en su clase debieron haber estado presentes allí la semana pasada," exclamó ella.

Solo contamos con la presencia de alrededor de 25 padres que asistieron al taller que fue tan bien publicitado. Esta baja asistencia de padres no es algo inusual. Si por simple coincidencia hubiese ocurrido en la escuela un incidente de acoso cibernético, antes que presentara mi taller, hubiésemos tenido un salón repleto de padres. Los padres que asisten al taller informativo se quedan sorprendidos con lo que les muestro e insisten en que programemos otro taller el siguiente mes para que así puedan ir pasando la voz a otros padres. Ellos tienen ya en mente qué otros diez padres necesitaron estar presentes en este seminario. La asistencia a la segunda clase siempre mejora. Los padres se sienten cansados y sobrecargados de trabajo. Yo debería saberlo pues soy padre de dos adolescentes varones. Después de investigar miles de crímenes relacionados con la cibernética y otros incidentes, he desarrollado una perspectiva que la mayoría de los padres no la tienen: reconocer el uso del internet, sin filtrarlo, sin supervisarlo, es uno de los lugares más peligrosos en donde nuestros hijos pueden estar. ¿Por qué es que los padres no están asistiendo a estas clases gratuitas que los ayudarán a hacer que el internet y los medios sociales sean un lugar más seguro para sus hijos? Después de conversar con miles de padres que han asistido a mi seminario, he descubierto que muchos padres están viviendo bajo falsas suposiciones acerca del mundo digital de sus hijos.

El propósito de Educando a los Padres en el Mundo Digital es que ustedes puedan informarse, a un ritmo veloz, acerca de las amenazas potenciales a las que se pueden enfrentar sus hijos cuando se conectan en el internet; así como, eliminar las tres principales suposiciones falsas que los padres tienen acerca de la seguridad de sus hijos en línea.

Suposición falsa #1

No es un problema tan grande. El Consejo Nacional de Prevención del Crímen (*National Crime Prevention Council*) informó que más del 80% de los estudiantes encuestados dijeron que no contaban con límites establecidos por sus padres acerca de lo que pueden hacer en línea, o saben evadir fácilmente las restricciones. Cerca del 100% de los padres con quienes he conversado después de haberme enterado sobre un problema relacionado a la actividad de sus hijos en línea, no tenían idea de lo que estaba ocurriendo en el mundo de sus hijos en el internet. Ellos le dieron a su adolescente o pre-adolescente un teléfono inteligente (smart phone) sin establecer controles o restricciones parentales. Ellos se quedan sorprendendidos al enterarse que sus hijos han creado cuentas múltiples en las redes sociales, han sido víctimas o perpetradores del acoso cibernético, han visto pornografía, han interactuado con adultos extraños, o han enviado a otros imágenes desnudas de sí mismos. Hay demasiado en riesgo como para no estar involucrado en el mundo digital de nuestros hijos.

Suposición falsa #2

Si mi hijo estaba teniendo un problema en línea, él me lo diría. En un informe del Centro de Investigación del Acoso Cibernético (*Cyber Bullying Research Center*) del año 2016, se menciona que solo 1 de 10 niños dirán a sus padres si son víctimas del abuso cibernético. ¿Por qué es que solo 1 de 10 adolescentes se sienten suficientemente cómodos para decirles a sus padres que son víctimas del acoso cibernético? La respuesta es simple: Ellos sienten temor de perder su teléfono celular o el acceso a sus redes sociales. Los adolescentes prefieren más bien sufrir las consecuencias de ser intimidados o acosados antes de perder su conexión vital con todos sus amigos. ¿Qué podemos hacer para cambiar totalmente estas estadísticas? Nosotros debemos mantener una relación cercana con nuestros hijos, que ellos se sientan cómodos y seguros para acercarse a nosotros y nos cuenten los problemas que están afrontando en la red.

Suposición falsa #3

Esto de la tecnología es mucho para mí, nunca la entenderé. Los padres están ocupados trabajando, llevando y recogiendo a sus hijos de eventos deportivos, o poniendo una comida caliente sobre la mesa. El hecho de pensar en tener que tomar una tarea más, tan intimidante como aprender a manejar los aparatos electrónicos de su hijo, hace que extiendan sus manos en el aire y se rindan. Las malas noticias son que: Si usted se preocupa por la seguridad de su hijo, usted debe aprender una o dos cosas acerca de los dispositivos móviles de su hijo. Las buenas noticias son que: yo he escrito este libro, Educando a los Padres en el Mundo Digital, para ustedes. Usted no tiene tiempo para leer más de 200 páginas acerca de investigaciones sobre el acoso cibernético o explorar el internet para aprender cómo configurar o establecer los controles parentales en los numerosos dispositivos móviles de su hijo. Yo he hecho eso por ustedes. Aún si usted no sabe nada acerca de computadoras o dispositivos móviles, este libro le ayudará a seguir paso a paso lo que puede hacer en cada uno de los dispositivos móviles de su hijo, como computadoras y consolas de juegos electrónicos, y mostrarle cómo encender los controles parentales ocultos que le ayudarán a mantener seguro a su hijo.

Si usted está leyendo este libro no tengo que convencerlo de que existen amenazas en línea y que su hijo es vulnerable a estas. Usted quiere aprender más sobre cómo poderle hablar a su hijo sobre cosas que le preocupan a él así como poder entender cómo funciona toda su tecnología. Usted ha tomado el primer paso. Puede parecerle aterrador pero vale la pena hacerlo. Este libro le ayudará a usted a seguir el resto del camino.

Introducción

En un día brillante y soleado, el primer día de escuela, entre a mi escuela secundaria por la puerta principal y de inmediato me saludó el administrador de la oficina.

"Oficial Cranford, ¡gracias a Dios que usted está aquí!"

Esas palabras y la urgencia expresada en ellas no era lo que yo quería escuchar al entrar por la puerta de mi nuevo trabajo como Oficial de Recursos Escolares (*School Resource Officer*). Encontré a Jessica, una estudiante del 7.º grado, sentada en la oficina de consejería, con la cabeza agachada llorando incontrolablemente. La consejera escolar, con una mirada triste y preocupada, estaba sentada a su lado sobándole la espalda, tratando de calmar a esta niña de 12 años que se sentía angustiada.

A través de sus lágrimas, Jessica me relató que durante el verano, su novio le había pedido que le enviara una fotografía de ella, desnuda, lo que es conocido entre los estudiantes como "*sexting*" (enviar mensajes con contenido sexual). Ella no lo quería hacer, pero él la hostigaba constantemente, sin tregua, hasta que ella lo hizo. Después de volver a relatar su historia ella enmarcó su torso colocando una mano por debajo de su barbilla y la otra a la altura de su cintura y dijo: "Esto fue lo que le envié."

Jessica y el muchacho a quién ella le envió su imagen ya no "estaban saliendo juntos". Ella creyó que él había reenviado esta foto por lo menos a otro muchacho, su mejor amigo. Después de pasar horas investigando e interrogando al ex-novio y a su amigo pude borrar la imagen de su teléfono. El ex-novio de Jessica prometió que no había enviado la imagen a nadie. El afirmó que su amigo había visto la imagen pero no le habían enviado la imagen por texto o correo electrónico.

¿Qué podía decirle yo a Jessica y a su mamá? Yo no podía garantizarles que la imagen realmente había desaparecido. La triste realidad del asunto fue que una vez que Jessica le envió su imagen desnuda a su novio, estaba ya completamente fuera de su control. Su novio podía haber enviado esa imagen a un amigo o a cincuenta. Solo el tiempo lo diría.

¿Qué consejo podía darles? "No vuelvas a hacerlo otra vez", no iba a ser suficiente. Tiene que haber algo más. Debía de haber alguna manera en que la mamá de Jessica pudiera supervisar adecuadamente las actividades de su hija en línea y que Jessica aprendiera a navegar con seguridad el espacio cibernético.

Esa experiencia y más tarde cientos más, fueron la base del programa de seguridad cibernética conocido en inglés como "Cyber Safety Cop". Yo creé este programa para enseñarles, a padres y estudiantes, cómo sentirse seguros en línea utilizando todas las formas de los medios sociales.

El objetivo de este libro y el de los talleres informativos de Cyber Safety Cop es uno solo: Que los padres logren un entendimiento de lo importante que son los medios sociales y las redes sociales para sus hijos. Ellos entenderán acerca de las amenazas únicas que existen en línea, incluyendo el acoso cibernético (*cyberbullying*), la suplantación de identidad (*impersonation*), el robo de identidad (*identity theft*), los mensajes con contenido sexual (*sexting*), los depredadores sexuales, el tráfico de humanos, el manejo de la reputación digital, la pornografía, y otros comportamientos de alto riesgo.

Algo mucho más importante es que se les dará a los padres las herramientas y recursos para ayudarlos a que supervisen apropiadamente a sus hijos en línea. Ellos saldrán del programa con una estrategia que incluye: guías para que sean implementadas en sus hogares y que de inmediato harán que sus hijos estén más seguros en el espacio cibernético.

Los estudiantes aprenderán sobre la privacidad y por qué el controlar a quien tiene acceso a sus redes sociales es la clave fundamental para tener una experiencia segura y agradable en línea. Ellos, quizás por primera vez, llegarán a entender qué es su reputación digital y por qué el establecer una buena o mala reputación puede tener consecuencias de por vida. Finalmente, los estudiantes aprenderán cómo lidear con los acosadores y otros comportamientos negativos cuando estos inevitablemente se interpongan en su camino.

Le prometo lo que suelo prometer a todos los padres o estudiantes que asisten a mis talleres de Cyber Safety Cop: Ustedes se sentirán más capacitados y en control después que terminen de leer el libro.

Las amenazas son reales y algunas veces preocupantes, como lo pueden atestiguar miles de adolescentes como Jessica, pero al final de este libro, usted contará con un plan. Y algo más que es realmente especial le pasará a usted. Usted estará sosteniendo asombrosas conversaciones con su hijo sobre algo que es íntimamente importante para él –la tecnología y los medios sociales. Usted tendrá acceso a una ventana desde donde podrá apreciar el mundo de su hijo. Usted verá cosas en la red social de su hijo que le dará una asombrosa percepción de lo que es importante para él. Parte de ello puede hacerlo tomar una pausa, y parte de ello le afirmará lo que ya usted sabía. De cualquier modo, todo esto le ayudará a acercarse más a su hijo.

El Plan de Cyber Safety Cop

EDÚQUESE POR SÍ MISMO
- Asista a uno de los seminarios para padres presentados por Cyber Safety Cop (pg. 107)
- Subscríbase al boletín informativo de Cyber Safety Cop (www.CyberSafetyCop.com)
- Revise en www.commonsensemedia.org, los juegos y aplicaciones para su hijo, antes que los descargue del internet

CONVERSE CON SU HIJO
- Utilice el Contrato para el uso del internet (pg. 46)
- Hable con él acerca de sus preocupaciones sobre la seguridad
- Mantenga una conversación abierta y directa

UTILICE LOS CONTROLES PARENTALES
- Siga las instrucciones de esta guía para activar las configuraciones de seguridad en sus sistemas operativos, procedimientos para búsqueda y juegos.
- Instale, en la red del internet de su hogar, los filtros o restricciones para visitar sitios web, haciendo uso de www.opendns.com

ESTABLEZCA REGLAS Y EXPECTATIVAS
- Respete los límites de edad en los medios sociales (Pg. 52)
- Aplique las consecuencias cuando sea apropiado
- Recargue los dispositivos móviles de su hijo, por la noche, en su dormitorio

RESPONSABILIDAD
- Conozca todos los nombres de usuario y contraseñas que tiene su hijo en todas sus cuentas
- Ingrese en las cuentas en los medios sociales de su hijo como si fuera él, para vigilar sus actividades

El Plan de Cyber Safety Cop (continuación)

- Periódicamente revise físicamente el contenido en el dispositivo de su hijo
- Instale en el dispositivo de su hijo una aplicación para vigilar y filtrar

CREE UN BALANCE
- Establezca límites de "tiempo frente a la pantalla" para las noches en días de escuela y para los fines de semana (pg. 17)
- Planée un tiempo en familia sin el uso de aparatos electrónicos
- Corrija sus malos hábitos digitales

El Medio Social Definido

Cuando usted piensa en medios sociales, estoy dispuesto a suponer que lo primero que se le viene a la mente son Facebook e Instagram. Si solo nos fijamos en Facebook e Instagram, que son dos de las plataformas sociales más populares a nivel mundial, estaríamos limitando grandemente la definición y estaríamos dejando de lado a todos los otros lugares en los que se comunican los niños.

Una definición más amplia e inclusiva de los medios sociales debería ser:

> Un medio social es cualquier dispositivo o aplicación que permite al usuario comunicarse con otra persona.

Ojalá que esta nueva definición de los medios sociales abra sus ojos a un mundo más amplio. Estos dispositivos y aplicaciones son realmente solo portales para otras personas. El portal puede ser un salón de charlas con cámaras web, con gente extraña o algo tan inocuo como Palabras con Amigos (*Words with Friends*). Para que los padres puedan vigilar apropiadamente las redes sociales de sus hijos, primeramente, ellos deben darse cuenta que los medios sociales no solo existen en los teléfonos inteligentes (smart phones), en tabletas y computadoras, sino que existen en un mundo totalmente nuevo de redes sociales que son creadas constantemente y se van expandiendo.

El problema con los medios sociales

Los medios sociales y la tecnología socialmente integrada en ellos son objetivos en movimiento. Hoy en día, la aplicación del medio social más popular podría ser rápidamente reemplazada el día de mañana por un nuevo competidor.

Después de investigar por años el acoso cibernético y otros crímenes relacionados con los medios sociales, he rastreado y detectado que en las raíces de todas las amenazas en las redes sociales se presentan dos problemas básicos, inherentes, en casi todas las plataformas de los medios sociales.

1. Los hijos pueden comunicarse y conocer gente fuera de la esfera de influencia y control de sus padres.

2. Los niños y los adultos pueden comunicarse anónimamente, sin tener

ninguna responsabilidad, removiendo la inhibición natural o el temor de ser descubiertos.

Hoy en día los adolescentes están sentados en sus habitaciones con dispositivos móviles en sus manos. Ellos tienen acceso al internet y a los medios sociales, literalmente, en las puntas de sus dedos. Nuestro adolescente que está conectado a los medios sociales está compartiendo detalles íntimos con potencialmente 3.5 billones de personas en el internet.[1] El uso del internet sin supervisión, ni filtros, dejará al niño al descubierto y vulnerable a las amenazas y ataques que tanto el padre como el hijo no están completamente preparados para enfrentar.

Ahora que usted comprende cuáles son los dos problemas básicos de los medios sociales, usted verá al internet de una forma nueva y completamente diferente. Usted notará con rapidez, cómo es que el establecimiento de la privacidad en una red social o la falta de hacerlo, puede permitir que personas extrañas participen en la vida de su hijo. Diariamente se crean nuevas aplicaciones en los medios sociales. Los programadores están buscando crear la próxima gran novedad. Ellos están empujando los límites. Ellos están tratando de atraer a los adolescentes creando nuevas y excitantes experiencias en línea. Con frecuencia estos ambientes nuevos y emocionantes no son seguros.

Plan de acción

- Tome un inventario de todos los aparatos electrónicos en casa o en la vida de su hijo y vea cómo se conectan al internet (p. ej.: Wi-Fi, línea de cables, celulares, o una combinación).

- ¿Los dispositivos móviles de su hijo tienen controles parentales?

- ¿Puede su hijo comunicarse con otras personas con este dispositivo móvil? ¿Cómo se comunica (p. ej. a través de texto, una cámara o con voz)?

- ¿Las personas con las que se comunica su hijo pertenecen a un grupo definido de gente que usted conoce (es decir, un servidor privado de *Minecraft* tan solo para amistades) o extraños?

- ¿Puede usted filtrar o bloquear en el dispositivo móvil la habilidad para comunicarse con otros? Por ejemplo, algunos juegos le permiten a usted cancelar la función para charlar (*chat*) o puede usted desconectar el micrófono para desactivar la comunicación con voz (*voice-over-IP chat*)?

Notas

1. Internet Users. (n.d.). Información obtenida el 9 de agosto de 2017, en http://www.internetlivestats.com/internet-users/

Manejando su Reputación y Privacidad en Línea

Los adolescentes comparten todo. Ellos quieren que todos sepan cómo se sienten en sus vidas, una nueva canción, su tarea de ciencias, fotos de ellos mismos, a dónde van a estar con sus amigos o posiblemente cuando están haciendo algo inapropiado. Los padres necesitan estar al tanto de lo que sus hijos están compartiendo en sus redes sociales, cómo esto afecta su reputación digital y las consecuencias a largo plazo.

Cuando los padres permiten a su hijo tener acceso a los medios sociales, ellos deberían ayudar a que su hijo establezca una reputación digital positiva. El beneficio adicional, al crear y mantener una reputación digital positiva, es poder encontrar una vía positiva para canalizar la creatividad de su hijo, su servicio comunitario o su espíritu empresarial.

Claves para formar una reputación digital positiva

Sea selectivo con lo que publique en línea. Usted debe publicar solo información con la que usted se sienta completamente cómodo que otros la vean. Yo les digo a los estudiantes: "Antes que presiones el botón de enviar, pregúntate a ti mismo, '¿Si yo coloco este mensaje o imagen a un lado del autobús y lo manejo alrededor de la ciudad con mi nombre en él, me sentiría yo avergonzado?' Si la respuesta es sí, entonces no lo envíes. Busca oportunidades para publicar información que te encaminará a forjar una reputación que te hará sentir muy orgulloso a tí y a tus padres. Aléjate del uso de palabras, símbolos o imágenes de violencia, pistolas y armas de todo tipo, alcohol, drogas, material pornográfico o sugestivo, lenguaje inapropiado y comentarios derogativos o racistas."

Es permanente

Una vez que usted publique algo en el internet, ya no le pertenece más. Puede ser copiado, ser reenviado en cualquier otro lado y ser utilizado con algún propósito no intencionado. Esto es verdad, usted puede borrar lo que ha publicado en sitios de medios sociales, pero con frecuencia, antes de que esto pueda llevarse a cabo, otros han tomado ya una fotografía de pantalla (*screen shot*) a lo que usted ha publicado y lo han guardado en su dispositivo para publicarlo después.

La privacidad es una ilusión

Una publicación o mensaje privado nunca es verdaderamente privado. Las aplicaciones de los medios sociales, que proclaman borrar su contenido después de ser leído por el destinatario del mensaje (p. ej. Snapchat), son fácilmente eludidas o evitadas. Yo he investigado personalmente muchos incidentes en los que el remitente pensaba que la comunicación era privada y después se dio cuenta que el mensaje había sido compartido con otros.

Manejando su reputación digital

Realice, periódicamente, búsquedas en línea de su nombre y sobrenombre o apodo (*nickname*) y vea lo que aparece. No use solamente un mecanismo de búsqueda, sino una variedad de ellos. Si usted encuentra fotografías poco favorecedoras de sí mismo bórrelas o solicite que las remueva a la persona que las publicó. Sus amigos podrían estar etiquetándolo a usted en imágenes y publicaciones con las que usted no tiene nada que ver. Vigile cómo es que otras personas están usando su nombre.

Privacidad

Toda aplicación o plataforma de medios sociales debería proporcionar una "configuración de privacidad" (*privacy setting*). Una configuración de privacidad permite que el usuario decida quién puede leer el texto, ver las imágenes o videos, que publica en su red social. Muchas redes sociales como Facebook o Instagram tienen dos opciones de privacidad: privada o pública. Una configuración de privacidad es como si se tratara de la puerta principal de ingreso a su casa. Si su red social está establecida como "privada", entonces su puerta está cerrada y bajo llave. Alquien que desee ingresar a su casa tiene que tocar su puerta delantera. Usted observa a través de la mirilla para decidir si usted desea que esa persona ingrese. Si a usted le parece que es alguien conocido o alguien en quien puede confiar, usted le abrirá la puerta. Si a usted le parece que es alguien desconocido, la puerta permanecerá cerrada. Si su configuración de privacidad está fijada como pública o abierta, entonces es como si su puerta estuviera completamente abierta, como una invitación para que cualquiera ingrese.

Su hijo no debería tener un seguidor que él o usted no lo conozca (es decir, él y sus seguidores deben tener una relación cara a cara en la vida real). Una comunicación clara con su hijo es fundamental para ayudarlo a que él tome las decisiones correctas en línea. Usted puede usar los siguientes puntos de conversación para educar a su hijo cuando le exprese usted con claridad cuáles son sus expectativas de privacidad en línea.

Plan de acción

- Asegúrese de que cada una de las cuentas de su hijo en los medios sociales tenga una configuración de privacidad que esté establecida en "privado."

- Explique por qué es peligroso relacionarse, en su red social, con personas que usted no conoce.

- Pregunte a su hijo: "¿Cuál es la ventaja de mantener a una persona totalmente extraña en tu red social?" Continue la conversación haciendo las siguientes preguntas: "¿El tener más *LIKES* te hace sentir una persona más popular? ¿Te hace sentir mejor sobre ti mismo? ¿Debería ser así?

- Revise con su hijo a cada uno de sus seguidores.

- Si su hijo no tiene una relación cara a cara en la vida real con un "amigo" o seguidor, entonces, esa persona debe ser removida o bloqueada. Todas las nuevas solicitudes deberán ser otorgadas a personas que su hijo ha conocido en su vida real y que pueda probarlo.

¿Cuándo debería permitirle a mi hijo el acceso a los medios sociales?

Posiblemente la pregunta más común que me hacen los padres es: "¿Debería permitirle a mi hijo de … [anote aquí la edad de su hijo] años de edad, tener acceso a …[anote aquí el nombre del medio social]?" Este es también uno de los problemas más comunes que yo enfrento cuando investigo casos de acoso cibernético o amenaza en línea – al niño (la víctima) o al intimidador se le permitió tener acceso a los medios sociales a una edad demasiado temprana. Cuando inicié mis investigaciones sobre amenazas cibernéticas me sorprendió mucho descubrir que la mayoría de mis casos involucraban a estudiantes de primaria. En efecto, estos estudiantes de 10 a 12 años de edad estaban participando en estas actividades con más frecuencia que sus compañeros de las escuelas secundarias y preparatorias juntas. Con frecuencia, tanto el perpetrador como la víctima contaron con el permiso de sus padres para tener sus propias cuentas de medios sociales o habían creado sus cuentas por sí solos, sin el conocimiento de sus padres.

Cada medio social tiene un requisito de la edad mínima en su acuerdo para usuarios. Yo he indicado la edad minima requerida para cada una de las aplicaciones populares y si estas son seguras para niños. Los Acuerdos para Usuarios de Facebook e Instagram estipulan que el usuario debe tener por lo menos 13 años de edad para tener una cuenta. Aún para Facebook e Instagram su hijo de 10 años lo consideran demasiado joven. Yo retaría a los padres a que se pregunten a sí mismos: ¿Es realmente 13 años una edad suficiente para que mi hijo esté en esos sitios?

Existen dos buenas razones del por qué un padre nunca debería permitir el acceso a su hijo a los medios sociales antes de la edad estipulada en el Acuerdo para usuarios, sino más bien debería esperar a que se haga un poco mayor.

Fijando estándares y no dando un mensaje equivocado

Cualquier niño que cuenta con Facebook o Instagram sabe que la edad mínima para tener una cuenta es 13 años. Si un padre permite que su hijo tenga acceso a un medio social antes de la edad mínima, él no está engañando a nadie. ¿Qué tipo de mensaje le estamos dando a nuestros hijos si hacemos clic en "*agree*" (de acuerdo) en el Acuerdo para usuarios, cuando este reglamento estipula claramente que ningún usuario deber ser menor de 13 años? Nosotros estamos diciéndoles a nuestros hijos que las reglas no tienen importancia ni aún las pequeñas. Estamos dejando a un lado un momento educativo importante.

El cerebro de los adolescentes no está desarrollado para tomar buenas decisiones

La siguiente afirmación no sorprende a los padres, que, los jóvenes toman malas decisiones. La ciencia finalmente ha explicado el por qué. El Dr. Jay Giedd del Instituto Nacional de Salud Mental (*National Institute of Mental Health*) en Bethesda, Maryland, escaneó los cerebros de 145 niños normales y saludables en intervalos de dos años. El Dr. Giedd descubrió que un área del cerebro, llamado la corteza prefrontal, parece desarrollarse antes y a lo largo de la pubertad y no madura sino hasta que la persona alcanza alrededor de los 25 años de edad.[1] La corteza prefrontal se ubica justo detrás de la frente y es responsable del pensamiento racional y la toma de decisiones. A medida que va madurando la corteza prefrontal, los adolescentes pueden razonar de mejor forma, desarrollar un mayor control sobre sus impulsos y hacer mejores juicios.[2] La investigación también ha descubierto que en la toma de decisiones durante los años de la adolescencia, mientras que la corteza prefrontal aún está desarrollándose, se produce un cambio en el sistema límbico del cerebro. El sistema límbico del cerebro está involucrado con las reacciones instintivas ("*gut*"), incluyendo respuestas de "pelear o huir" ("*fight or fly*"). Esos estudios sugieren que mientras que los adultos pueden utilizar procesos racionales en la toma de decisiones para navegar a través de decisiones emocionales, los cerebros de los adolescentes no cuentan todavía con las herramientas necesarias para pensar las cosas de la misma manera.[3] Por ejemplo, en la escuela un compañero de clase envía, una publicación ridiculizante en Instagram burlándose de los zapatos de Jimmy, a cientos de compañeros de la escuela para que la vean y comenten. Un adulto observa esta situación y rápidamente la desestima por considerarla una tontería infantil. Sin embargo, la inmadura corteza prefrontal de Jimmy podría no ser capaz de afrontar esta situación calmadamente. La emoción de sentirse avergonzado podría prevalecer, lo cual empuja a Jimmy a atacar verbalmente en Instagram. La conclusión y la implicación debe ser clara: Estamos dándoles a nuestros hijos, quienes no tienen la habilidad para tomar buenas decisiones, la oportunidad de destruir sus reputaciones en un medio permanente como es el internet.

La próxima vez que su adolescente diga: "Tengo la edad suficiente para tomar mis propias decisiones," usted cuenta ahora con la autoridad científica y el respaldo para responderle: "¡No, no la tienes!" Caso cerrado.

Plan de acción

- Antes de comprarle un teléfono a su hijo, pregúntese: ¿Cuáles son las situaciones en las que mi hijo necesitaría un teléfono celular?

- ¿Cuál es la póliza de la escuela acerca de llevar un teléfono celular al plantel escolar o usar un teléfono celular durante el horario escolar?

- Para niños menores, considere darles un teléfono sencillo (*"flip phone"*) sin acceso al internet.

- Antes de que le proporcione un teléfono celular a su hijo, asegúrese de activar los controles parentales.

- Considere instalar una aplicación, de notificación y monitorización parental, en el teléfono celular de su hijo.

- Revise con su hijo el dispositivo móvil y el Acuerdo para usuarios antes que él comience a utilizarlo.

Notas

1. Giedd, J.N. et al. October 1999. "Brain development during childhood and adolescence: a longitudinal MRI study." Nature. Vol 2, No 10, pp. 861-863.
2. ibid
3. Brownlee, S. August 9, 1999. "Inside the Teen Brain." U.S.News.

Cree un Balance en la Vida Tecnológica de su Hijo

El internet y los medios sociales son maravillosos avances tecnológicos. Hoy más que nunca antes tenemos la habilidad de saber más acerca del mundo y sobre otros puntos de vista. Las plataformas de medios sociales como Instagram y Snapchat se han convertido en una parte integral en la vida de muchas personas. Mucha gente joven, llamados a menudo los Nativos Digitales, nunca han conocido un mundo sin una constante conectividad con el internet y entre ellos. Mientras este hecho representa grandes oportunidades para el aprendizaje y la creatividad, de otro lado, un creciente cuerpo de evidencias está generando preocupaciones acerca de implicaciones potenciales que afectan la salud psicológica y social de nuestros jóvenes.

Diariamente los adolescentes pasan hasta nueve horas en las plataformas sociales,[1] mientras que el 30% de todo el tiempo utilizado en línea está dedicado ahora a la interacción social.[2] Y la mayoría de ese tiempo transcurre haciendo uso de un dispositivo móvil. Se piensa que la adicción a los medios sociales afecta a alrededor del 5% de los jóvenes,[3] y los medios sociales son descritos como elementos más adictivos que los cigarrillos y el alcohol.[4]

De acuerdo con un nuevo informe de la Sociedad Real para la Salud Pública del Reino Unido (*Royal Society for Public Health - RSPH*), una institución caritativa e independiente enfocada en la educación para la salud, un creciente número de investigaciones sobre nuestros jóvenes sugieren que los medios sociales están contribuyendo al desarrollo de problemas de salud mental, tales como, la ansiedad, la depresión, la privación del sueño, y de problemas relacionados con la imagen corporal. El informe combinó, la investigación publicada previamente sobre el impacto de los medios sociales, con una encuesta propia que realizó a cerca de 1,500 personas entre las edades de 14 a 24 años. La encuesta preguntó a los encuestados cómo es que las diferentes redes sociales –Instagram, Facebook, Snapchat, YouTube y Twitter – afectaron su salud tanto de forma positiva como negativa. La encuesta les preguntó acerca de sus sentimientos de ansiedad, conexión con la comunidad, sentido de identidad, sueño, imagen corporal, entre otros. Los encuestados dijeron que en las redes de los medios sociales de Instagram y de Snapchat, en donde ellos pasaban la mayor parte de su tiempo, estos los hacían sentir menos seguros, más ansiosos y menos felices sobre quiénes son y cómo se ven. En cambio, algún medio social como YouTube, estaba asociado más cercamente con la creatividad y una expresión positiva de sí mismo.

Como padres tenemos que entender los problemas que están enfrentando nuestros hijos en su mundo digital, y cómo hacer que ellos participen en formas que fomentarán un estilo de vida seguro y saludable. Como ya veremos más adelante, la respuesta se centra en buscar un "balance." Todos nosotros sabemos que el internet y los medios sociales no van a irse a ningún lado. En realidad, podemos esperar la aparición de nuevas tecnologías que presentarán nuevas formas de medios sociales en nuestras vidas que aún no hemos considerado (p.ej., Alexa, quien es la nueva asistente personal de

Amazon). Lograr un balance es donde los padres se esfuerzan. Después de pasar años trabajando con familias, como un investigador de menores, investigando miles de casos de problemas relacionados con la cibernética, he llegado a la conclusión de que un internet sin filtros, sin supervisión, es uno de los lugares más peligrosos en los que puede estar su hijo. También estamos aprendiendo que el acceso libre, sin restricciones, a este medio tiene implicaciones duraderas en la salud mental. Una vez que entendamos cómo es que los medios sociales están impactando la salud mental de nuestros hijos, pasaremos a ver las estrategias que ayudarán a traer de regreso un balance en sus vidas.

¿Cuáles son los efectos potencialmente negativos de los medios sociales en la salud?

La ansiedad y la depresión

Uno de cada seis jóvenes experimentarán un trastorno de ansiedad en algún momento en sus vidas, y en los pasados 25 años los índices identificados con la ansiedad y depresión en los jóvenes se ha incrementado en un 70%.[5] Las investigaciones sugieren que los jóvenes que son grandes usuarios de los medios sociales – aquéllos que pasan más de dos horas diarias en los sitios de redes sociales como Facebook, Twitter o Instagram – son los que reportarán con mayor probabilidad una salud mental pobre, incluyendo una angustia psicológica (síntomas de ansiedad y depresión).[6] Las falsas expectativas establecidas por los medios sociales pueden llevar a que los jóvenes tengan sentimientos de timidez, baja autoestima y un afán de perfeccionismo que pueden manifestarse como trastornos de ansiedad.[7] También se ha demostrado que el uso de los medios sociales, particularmente el estar operando múltiples cuentas de medios sociales simultáneamente, está ligado a síntomas de ansiedad social.[8]

El sueño

Por mucho tiempo la comunidad médica ha sabido de la conexión existente entre el sueño y la salud mental. Una salud mental pobre puede conducir a un sueño escaso, y el sueño escaso puede conducir a una salud mental pobre.[9] Pregúntele a cualquier padre o madre de un recién nacido. La necesidad de contar con un sueño de calidad es esencial para todos, pero, es crítica para los adolescentes y el desarrollo de su cerebro.[10] El cerebro aún no está totalmente desarrollado sino hasta que una persona llega más allá de los 25 años, y durante la adolescencia, el cerebro se encuentra en un proceso violento de desarrollo cognitivo.[11] Un número creciente de estudios ha mostrado que el uso incrementado de los medios sociales tiene una asociación significativa con la pobreza en la calidad de sueño de la gente joven.[12] El fijar la mirada en una pantalla iluminada, como es el caso de los teléfonos celulares, laptops (computadoras portátiles), y tablets, justo antes de irse a la cama también está relacionado con una pobre calidad de sueño. La exposición a las luces LED antes de dormir puede interferir y bloquear los procesos naturales en el cerebro que provocan los sentimientos de somnolencia, así como la liberación de la hormona del sueño; es decir, la melatonina. Esto significa que se toma más tiempo para quedarse dormido, y es así como los individuos terminan durmiendo menos horas cada noche.[13] La falta de sueño y la inversión emocional en los medios sociales también han dado como resultado sentimientos exasperantes de ansiedad, depresión, y baja autoestima.[14]

La imagen corporal

La percepción de la imagen corporal es una verdadera preocupación tanto para los jóvenes como las jovencitas, especialmente para las adolescentes y las jóvenes adultas. Lamentablemente, nueve de 10 jovencitas adolescentes dicen que se sienten descontentas con sus cuerpos.[15] Al haber mensualmente alrededor de 200 millones de usuarios activos de Instagram, quienes están cargando diariamente 60 millones de fotos nuevas, los jóvenes cuentan con un sinúmero de oportunidades para compararse con otros en línea basándose en las apariencias.[16] Un estudio también encontró que después de pasar tiempo en Facebook, las jovencitas expresaron un deseo intensificado de cambiar la apariencia de sus rostros, cabellos y/o piel.[17]

Un estudio del año 2016 encontró una fuerte evidencia intercultural que vincula el uso de los medios sociales con las preocupaciones por la imagen corporal, la auto-objetivación, el impulso nocivo hacia la delgadez y un descontento general por la composición corporal actual.[18] Las asociaciones de cirujanos plásticos han reportado un crecimiento en el número de individuos más jóvenes que optan por tener una cirujía cosmética para lucir mejor en las fotos. Alrededor del 70% de jóvenes entre los 18 y 24 años de edad consideraría la posibilidad de hacerse una cirujía cosmética.[19] El hecho que un adolescente se compare a sí mismo con una foto en una revista de celebridades, y que se compare con una imagen en el Instagram de un amigo son formas de comparación fundamentalmente diferentes. Cuando la gente joven se compara con celebridades, se siente como una comparación de manzanas con naranjas. Después de todo, piensa el adolescente, esta es una celebridad; ellos son diferentes a mí, y el lograr esa apariencia o alcanzar esa posición es como un tipo de fantasía. Pero cuando ese mismo adolescente mira la imagen en el Instagram o Snapchat de un compañero, se siente como una comparación de manzanas a manzanas. Ellos se quedan pensando, "¿Por qué es que no puedo ser así de delgado, o, por qué es que no puedo tener tanta diversión?" Por consiguiente, su autoestima y la percepción sobre su imagen corporal sufre, incluso conduciéndolo a la depresión.[20] Para contrarrestar estos efectos peligrosos, los padres deben ayudar a que sus hijos encuentren un balance saludable en sus actividades en línea.

El plan para recuperar el balance en su hogar

1. Establezca prioridades

Una vez que su hijo llegue a casa, de regreso de la escuela, establezca las prioridades sobre las tareas que él debe terminar. Pueden incluirse entre ellas las tareas escolares, practicar un instrumento musical y posiblemente llevar a cabo quehaceres domésticos. Estas tareas deben completarse primero antes de encender las pantallas de entretenimiento (esto es, la TV, Xbox, viendo en Instagram, etc.). Si usted tiene un niño que necesita tomar descansos durante las sesiones para hacer su tarea (yo tengo ese tipo de niño), entonces busque una actividad física que pueda cubrir ese tiempo. Las investigaciones han demostrado que los movimientos físicos estimulan al cerebro. Yo personalmente cuelgo un columpio dentro de mi cochera. Mi hijo salta en el columpio por unos minutos, y luego vuelve a hacer su tarea. Algunas veces su hijo acabará la tarea momentos antes de irse a acostar. Esto no debe significar que él pueda quedarse despierto una hora adicional, para poder tener algún tiempo frente a la pantalla, antes de irse a la cama. Esto nos lleva a establecer límites.

2. Establezca límites

Quizás el establecer límites de tiempo para estar frente a una pantalla es una de las cosas más difíciles que los padres tienen que afrontar. El tiempo frente a una pantalla se define como el tiempo dedicado al uso de medios digitales con el propósito de entretenimiento. Otros usos de los medios, tales como hacer tareas en línea, no se consideran como tiempo frente a una pantalla.

Basándome en mi experiencia personal, y en las historias en común compartidas por miles de padres con los que he conversado, he podido observar que entre más temprano usted establezca estas pautas, usted gozará de tiempos más fáciles de llevar. Si usted está tratando de imponer un límite de tiempo frente a la pantalla, a un adolescente después que él ha gozado tener acceso ilimitado a las pantallas por años, espere algunas acciones de rechazo. Usted estará escandalizado al ver y oir las reacciones irracionales de un niño cuando usted simplemente apaga las pantallas. Usted podría preguntarse si esa es una señal de adicción. La última edición del Manual de diagnóstico y estadística de transtornos mentales (*Diagnostic and Statistical Manual of Mental Disorders, DSM-V*) actualmente incluye a la adicción al internet como un transtorno que requiere mayor estudio e investigación. Sin embargo, si su hijo sufre un colapso emocional porque usted le limitó el acceso a la pantalla, no sienta pánico. Yo diría que esta es una reacción normal de un joven que pasa una cantidad de tiempo no saludable en el internet, hecho que francamente incluye a la mayoría de los niños. Si usted observa una intensificación en el comportamiento que no se calma después de un día o dos, yo le sugeriría ponerse en contacto con su pediatra para preguntarle su opinión acerca de si su niño necesita ser referido a un psiquiatra. En una publicación informativa del sitio web del Centro Nacional de Biotecnología (*National Center for Biotecnology*) un estudio conducido por el Departamento de Psiquiatría para Adultos de la Universidad de Medicina de Polonia, mostró que la adicción al internet era vista como algo muy común entre la gente joven, especialmente en niños. En realidad, uno de cuatro niños es adicto al internet. Esta es una estadística alarmante que requiere ser abordada a la brevedad posible.[21]

¿Cuánto tiempo es mucho tiempo para pasar frente a una pantalla? Hoy en día, en un mundo rodeado por medios digitales 24/7, es difícil definir el tiempo frente a una pantalla. La Academia Americana de Pediatría (*American Academy of Pediatrics, AAP*) ha establecido alguna vez un límite general de tiempo frente a una pantalla: no más de dos horas frente al televisor, para niños mayores de 2 años de edad. En el año 2016, la AAP publicó en el "Informe Técnico sobre los Niños y Adolescentes y los Medios Digitales", una nueva guía actualizada para padres sobre el tiempo frente a una pantalla. La Dra. Yolanda Reid Chassiakos, autora principal del informe dijo: "Ya no tiene sentido el hacer una afirmación generalizada (de dos horas) para el tiempo frente a una pantalla… Para algunos niños, dos horas podría ser mucho." La academia recomienda que para niños de 2 a 5 años de edad, el tiempo frente a una pantalla debería ser limitado a una hora diaria. Para niños de 6 a más años, los padres pueden establecer las restricciones sobre el tiempo que pasen utilizando una pantalla, así como vigilar los tipos de medios digitales que usen sus niños. Los bebés son más vulnerables a las pantallas. La academia indica que los bebés de 18 meses o menos no deberían estar expuestos a ningún medio digital.[22]

Mi experiencia trabajando con miles de adolescentes y sus padres sugiere que dos horas es usualmente una cantidad suficiente de tiempo de pantalla con fines de entretenimiento. Yo recomiendo enormemente que el tiempo frente a una pantalla debiera de acabar de 30 minutos a una hora antes del tiempo para acostarse. Existen muchas investigaciones que indican que el estar mirando una pantalla brillante antes de acostarse interferirá con un buen descanso nocturno. En un estudio publicado recientemente por Tim Smith de la Universidad Birkbeck en Londres (*Birkbeck University of London*), los bebés y los niños pequeños que pasan más tiempo frente a un dispositivo de pantalla táctil duermen menos de noche. En promedio, por cada hora que un niño se pasa con un smartphone o una tablet duerme 26 minutos menos por la noche, y alrededor de 10 minutos más de día, lo que da un total de 15.6 minutos menos de sueño total. El uso de la pantalla táctil está también ligado a un incremento en el tiempo que les tomó a estos niños quedarse dormidos.[23]

Las aplicaciones móviles como Parental Board de 4parents.com ayudan a limitar el tiempo frente a una pantalla al permitir que un padre pueda echar llave o apagar el teléfono del niño en horas específicas a lo largo del día, eliminando así la tentación del niño a utilizarlo cuando se considera que ellos no deberían de hacerlo, tal como por ejemplo durante el horario de clases en la escuela o antes de acostarse.

3. Cene en familia y tenga zonas libres de pantallas

Establezca e imponga zonas libres de pantallas en su casa. La mesa del comedor es un gran lugar por donde empezar. En efecto, hay muchas investigaciones que muestran que el fijar reglas sobre zonas libres de pantallas, libres de distracciones, comer juntos sentados en la mesa, tienen un asombroso beneficio psicológico en sus hijos. Las cenas familiares son oportunidades en las cuales la familia completa se sienta a comer sin tener dispositivos móviles que sirvan de distracción (p.ej. teléfonos celulares, televisores, laptops, etc.). Un estudio del año 2014, publicado en el *Journal of the American Medical Association Pediatrics*, hizo la siguiente pregunta: ¿Las cenas familiares tienen algún impacto en la salud mental de un niño o en la posibilidad de que sufra un acoso cibernético? El estudio midió cinco problemas de interiorización de la salud mental (ansiedad, depresión, daño autoinflingido, pensamiento suicida e intento suicida), dos problemas de externalización (enfrentamientos y vandalismo), y cuatro problemas relacionados con el uso de substancias (uso frecuente del alcohol, frecuentes borracheras, uso indebido de medicamentos bajo prescripción médica y uso indebido de medicina sin receta médica). Este estudio se basó en una muestra nacional de 26,069 adolescentes entre los 11 y 15 años de edad. El Dr. Frank Elgar, profesor de *McGill University* en Montreal, Canadá, descubrió que "Existe una relación entre el hecho de compartir cenas familiares con mayor frecuencia y el tener un número menor de problemas emocionales y de comportamiento, un mayor sentimiento de bienestar, mejores comportamientos que demuestran confianza y ayuda a otros y mayor satisfacción en la vida." Los investigadores encontraron los mismos efectos positivos del tiempo compartido en la cena familiar sobre la salud mental de los jóvenes, sin importar el género, la edad y sin considerar si ellos podían o no podían conversar fácilmente con sus padres.[24]

Uno de los hallazgos más sorprendentes y alentadores de este estudio fue el hecho de que la mayor frecuencia en cenas familiares se traducía aún en mayores beneficios para los niños. "Nos sorprendíamos al encontrar efectos tan consistentes en cada resultado que estudiábamos," dijo Elgar. "De no tener ninguna cena juntos a comer juntos siete noches por semana, cada cena adicional se relacionaba con una mejora significativa en la salud mental." ¿Qué es lo que está pasando aquí? No es magia, y no tiene que ver con el masticar los alimentos. Realmente se trata de hacer o buscar tiempo para conversar con sus hijos. La cena es un tiempo conveniente porque ellos de forma predecible van a sentir hambre y tienen que dejar de hacer cosas para comer. Y cuando lo hacen, es su oportunidad como padres para preguntarles: ¿Cómo te va…qué está pasando con tus amigos?"[25]

El tiempo familiar compartido ofrece a los padres oportunidades de poder enseñar – es un tiempo en el que los padres pueden servir de ejemplo y educar a sus hijos en una variedad de habilidades para la vida, tales como, cómo enfrentar problemas, cómo saber resistir, así como conversar sobre los comportamientos positivos de salud y opciones nutricionales. El tiempo compartido juntos en familia permite que los adolescentes expresen sus preocupaciones a los padres y se sientan valorados y todos estos son elementos conducentes a mantener una buena salud mental en los adolescentes.

Algunos padres me dicen que ellos tienen problemas para tener una conversación con sus hijos al comer en la mesa. En mi casa, nosotros tenemos un frasco que contiene temas o preguntas para iniciar una conversación y lo colocamos en la mesa a la hora de cenar. Cada miembro de la familia saca una pregunta del frasco y conduce la conversación basada en una pregunta divertida que está escrita en su tarjeta. Algunas de las preguntas son divertidas, como por ejemplo: "¿Qué es lo más divertido o extraño que te pasó el día de hoy?" o dime, "Si tú fueras el director de tu escuela, cambiarías algo? ¿Qué es lo que cambiarías?" En el internet pueden encontrar un sinúmero de frases o preguntas para iniciar una conversación durante la cena familiar, buscando simplemente: "preguntas en la cena familiar." Yo les recomiendo que visiten el sitio web de *The Family Dinner Project* (El Proyecto de la Cena Familiar) en www.thefamilydinnerproject.org, en donde podrán ver todas las grandes ideas que tienen para enriquecer su tiempo para cenar con la familia.

4. Participe más

Sarah, la madre de una adolescente de 13 años, me envió un correo electrónico contándome su experiencia cuando por primera vez apagó las pantallas en su casa. Su hijo James la miró confundido y le preguntó: "¿Qué debo hacer ahora?" Ella se sorprendió al ver que su hijo no sabía qué hacer en un mundo sin pantallas. Sarah me dijo que ella estuvo perpleja. Ella recordó que cuando joven nunca tuvo que preguntar a sus padres qué debía hacer para mantenerse ocupada. Era algo que ella simplemente hacía y se sentía muy feliz de hacerlo.

Parece que nuestros hijos "nativos de la era digital" no son tan buenos para saber llenar su tiempo no estructurado con otras actividades como nosotros solíamos hacerlo a sus edades. La juventud de hoy depende mucho de los dispositivos electrónicos para entretenerse y consumir su tiempo. Ellos pueden necesitar un poco de ayuda y dirección. Obviamente, cuanto más temprano empecemos a hacer esto con nuestros hijos, será más fácil para nosotros poder hacerlo.

Como resultado, usted podría encontrarse pasando más tiempo de calidad con su adolescente. Yo tengo dos hijos. Al menor le gusta estar fuera de la casa, haciendo tiros a la canasta de básquet, y montando su scooter con sus amigos alrededor del vecindario. A mi hijo mayor le gusta estar dentro de la casa, y si él pudiera elegir estaría frente al televisor todo el día. Como ven, uno de ellos se esfuerza y participa más que el otro. Los dos no podrían ser más diferentes, pero he encontrado una actividad que todos gozamos hacer juntos. Nos entretenemos jugando juegos de mesa de fantasía y ciencia ficción. Estos son divertidos, juegos en cooperación que requieren el uso de la imaginación y de estrategias, con personajes de zombis, extraterrestres, superhéroes y soldados, que coinciden con los tipos de personajes de la TV y de los géneros de películas que más les gusta ver a mis hijos.

5. Cargue el dispositivo móvil de su adolescente, por la noche, en su dormitorio.

Cuando sus hijos se van a dormir, saquen los dispositivos móviles fuera de sus dormitorios y cárguelos en su propia habitación. Tener dispositivos electrónicos en el dormitorio, después que se apaguen las luces, es una distracción que no permite gozar de un buen descanso nocturno. Muchos adolescentes me han informado que el solo hecho de tener un dispositivo electrónico en sus dormitorios, sobre todo uno que saben que no deberían usar, les causa ansiedad. Ellos saben que lo tienen allí y quieren enterarse de lo que está sucediendo. Ellos sufren una condición conocida como FOMO: el temor de no enterarse de algo (*Fear of Missing Out*). Es imposible para ellos dejar a un lado el sentir, de momento a momento, la ansiedad que produce el temor de no estar enterándose de algo que sus amigos están compartiendo. Elimine la tentación así como la fuente de ansiedad de los dormitorios de sus hijos. Yo recomiendo a los padres que no coloquen televisores, ni computadoras, ni consolas de juegos electrónicos en las habitaciones de sus hijos. En mis seminarios les digo a los padres: Un dormitorio es un lugar tranquilo para meditar, leer un buen libro y dormir – debería ser un lugar en donde la mente y el cuerpo de su hijo puedan relajarse y descansar.

6. Use los medios sociales como una herramienta para promover la caridad, las causas sociales o las actividades extracurriculares.

Enséñele a su hijo que el tener una voz es algo poderoso. Utilice los medios sociales para lograr e inspirar a otros hacer el bien hacia los demás. Haga que su hijo promueva en sus redes sociales actividades como la recaudación de fondos, reuniones de servicio comunitario, reuniones del club o equipo de deporte al que pertenece.

7. Los "likes" no deben igualarse al autoestima.

Cuando un adolescente publica una imagen en su red social, obtiene una respuesta inmediata en la forma de decir "me gusta" ("*likes*") o recibir comentarios positivos. Las investigaciones han demostrado que una vez que el cerebro del adolescente ha vinculado un comportamiento con un premio o recompensa, continuará buscando ese premio una y otra vez. Converse con su hijo acerca del por qué está publicando imágenes. ¿Es porque quieren compartir algo de lo que se sienten orgullosos o es para obtener la aprobación o validación de otros?

8. Sea usted la persona que desea que su hijo sea.

Tome momentos de descanso dejando de usar la tecnología y participe en actividades con su hijo. Utilizar los juegos de mesa y compartir un tiempo estructurado en actividades familiares son oportunidades que no tienen precio. Muestre usted a su hijo que tiene una vida fuera del contexto de los medios sociales. Nuestros hijos imitan más lo que nosotros hacemos que lo que nosotros simplemente decimos.

9. No tema ser la persona mala.

Elabore un plan y manténgalo. Fijar límites es esencial para la seguridad y el bienestar de su hijo. No se sorprenda al sentir que su hijo lo presione después que usted implemente estas nuevas reglas.

Notas

1. The Common Sense Census: Media Use by Tweens and Teens, [Datos tomados el 17 de mayo] Información disponible en: https://www.commonsensemedia.org/research/the-common-sense-census-media-use-by-tweens-and-teens

2. Social media captures 30% of online time, [Accessed May 17] Available from: http://blog.globalwebindex.net/chart-of-the-day/social-media-captures-30-of-online-time/

3. Jenner, F. 2015. At least 5% of young people suffer symptoms of social media addiction. [Datos tomados el 17 de mayo] Información disponible en: https://horizon-magazine.eu/article/least-5-young-people-suffer-symptoms-social-media-addiction_en.html

4. Hofmann, W. Vohs, D. Baumeister, R. 2012. What people desire, feel conflicted about, and try to resist in everyday life. [Datos tomados el 17 de abril] Información disponible en: http://journals.sagepub.com/doi/full/10.1177/0956797612437426

5. The Mental Health Foundation. 2004. Lifetime impacts: Childhood and adolescent mental health – understanding the lifetime impacts. [Datos tomados el 17 de abril] Información disponible en: https://www.mentalhealth.org.uk/sites/default/files/lifetime_impacts.pdf

6. Sampasa-Kanyinga Hugues and Lewis Rosamund F.. Cyberpsychology, Behavior, and Social Networking. July 2015, 18(7): 380-385. doi:10.1089/cyber.2015.0055.

7. Anxiety.org. 2016. Compare and despair. [Accessed Mar 17] Available from: https://www.anxiety.org/social-media-causes-anxiety

8. Becker, M. Alzahabi, R. Hopwood, C. Cyberpsychology, Behavior, and Social Networking. February 2013, 16(2): 132-135. doi:10.1089/cyber.2012.0291.

9. Mind. How to cope with sleep problems. [Accessed Apr 17] Available from: http://www.mind.org.uk/information-support/types-ofmental-health-problems/sleep-problems/

10. National Institute of Mental Health. 2016. The teen brain: 6 things to know. [Accessed Apr 17] Available from: https://www.nimh.nih.gov/health/publications/the-teen-brain-still-under-construction/index.shtml

11. Blakemore, S.-J. and Choudhury, S. (2006), Development of the adolescent brain: implications for executive function and social cognition. Journal of Child Psychology and Psychiatry, 47: 296–312. doi: 10.1111/j.1469-7610.2006.01611.x http://onlinelibrary.wiley.com/doi/10.1111/j.1469-7610.2006.01611.x/full

12. Scott, H. Gardani, M. Biello, S. Woods, H. 2016. Social media use, fear of missing out and sleep outcomes in adolescents. [Accessed Apr 17] Available from: https://www.researchgate.net/publication/308903222_Social_media_use_fear_of_missing_out_and_sleep_outcomes_in_adolescence

13. Harvard Health – Harvard Medical School. 2015. Blue light has a dark side. [Accessed Apr 17] Available from: http://www.health.harvard.edu/staying-healthy/blue-light-has-a-dark-side

14. Woods, H. Scott, H. 2016. #sleepyteens: Social media use in adolescence is associated with poor sleep quality, anxiety, depression and low self-esteem. Journal of Adolescence · August 2016 DOI: 10.1016/j.adolescence.2016.05.008

15. Lamb, B. 2015. Human diversity: Its nature, extent, causes and effects on people. Singapore. World Scientific Publishing.

16. Carolyn Edgecomb, Do's and Don'ts of Instagram: Take a Picture, It Reaches Further, [Accessed Mar 17] Available from: https://www.impactbnd.com/dos-and-donts-of-instagram

17. Fardouly, J. Diedrichs, P. C. Vartanian, L. Halliwell, E. 2015. Social comparisons on social media: The impact of Facebook on young womens body image concerns and mood. Body Image, 13. pp. 38-45. ISSN 1740-1445 Available from: http://eprints.uwe.ac.uk/24574

18. Holland, G., & Tiggemann, M. (2016). A systematic review of the impact of the use of social networking sites on body image and disordered eating outcomes. BodyImage,17, 100-110. doi:10.1016/j.bodyim.2016.02.008

19. The British Association of Aesthetic Plastic Surgeons. 2016. 'Daddy Makeovers' and Celeb Confessions: Cosmetic Surgery Procedures Soar in Britain. [Accessed Apr 17] Available from: http://baaps.org.uk/about-us/

20. UPMC/University of Pittsburgh Schools of the Health Sciences, Social Media Use Associated With Depression Among U.S. Young Adults, Accessed Mar 17] Available from: http://www.upmc.com/media/NewsReleases/2016/Pages/lin-primack-sm-depression.aspx

21. Computer/Internet Addiction Symptoms, Causes and Effects, [Accessed May 17] Available from: http://www.psychguides.com/guides/computerinternet-addiction-symptoms-causes-and-effects/

22. Hailey Middlebrook, New screen time rules for kids, by doctors, [Accessed May 17] Available from: http://www.cnn.com/2016/10/21/health/screen-time-media-rules-children-aap/

23. George Dvorsky, Kids Who Use Touchscreen Devices Sleep Less at Night, [Accessed Apr 17] Available from: http://gizmodo.com/kids-who-use-touchscreen-devices-sleep-less-at-night-1794270842

24. Elgar FJ, Napoletano A, Saul G, Dirks MA, Craig W, Poteat VP, Holt M, Koenig BW. Cyberbullying Victimization and Mental Health in Adolescents and the Moderating Role of Family Dinners. JAMA Pediatr. 2014;168(11):1015-1022. doi:10.1001/jamapediatrics.2014.1223

25. Rick Nauert PhD, Family Dinners Can Bolster Teens' Mental Health, [Accessed May 17] Available from: https://psychcentral.com/news/2013/03/21/family-dinners-can-bolster-teens-mental-health/52849.html

Los Depredadores usan los Medios Sociales para Explotar a los Niños

En diciembre del año 2014, los padres de una niña de 10 años reportaron al Departamento de Policía de Cleveland su preocupación que unos depredadores sexuales habían contactando a su hija a través de su iPad.

El uso del iPad era para hacer el trabajo escolar, pero una vez que se instalaron las aplicaciones de medios sociales como Snapchat y Skype, el tablet se convirtió en un portal a un mundo peligroso. Después que su mamá le permitió el uso no supervisado del iPad por casi un mes, cuando la mamá revisó el dispositivo, se quedó horrorizada al ver que 16 hombres habían intentando manipular a su hija en situaciones sexuales.

La estudiante de 10 años de edad fue contactada primero por un hombre, a través de Snapchat, y este después de hablar sobre cosas que le interesarían a una niña de 10 años, cambió el tema de la conversación hacia el sexo. El número de depredadores que estuvieron contactando a su hija se incrementó en un corto tiempo. Los depredadores que tratan de explotar sexualmente a niños, con el propósito de producir pornografía infantil, con frecuencia comparten esa pornografía o el acceso al niño con otros depredadores. El depredador utilizó un libro de texto acerca del uso de los medios sociales como método para manipular y explotar a esta niña.

El anonimato y la naturaleza global del internet hacen que su uso por los depredadores sexuales sea una amenaza predecible, aunque la mayoría de los padres no son conscientes del peligro que estos representan para sus niños. En este caso, los pedófilos problablemente residían fuera del país, lo que dificulta su identificación y poder llevarlos a juicio. Los policías detectives del Departamento de Policía de Cleveland están trabajando con Snapchat y Skype con la esperanza de poder capturarlos.

La joven víctima les dijo a muchos de los hombres que ella tenía 10 años de edad, pero esto solo los animó a que le pidieran imágenes explícitas. Uno de los depredadores le rogó a la niña que se desvista y le envíe imágenes y videos mostrándose desnuda. El le rogó diciéndole: "Abre tu cámara bebé … por favorcito a mí me gusta el sexo. ¿Cuál es el problema acaso no te interesa el sexo?" Otro de los hombres no identificados le ofreció transferirle dinero a la niña de 10 años, para que así pudiera viajar para encontrarse con él.[1]

La historia de esta niña, desafortunadamente, no es la única. Todos los días, niños en nuestra comunidad son seleccionados como víctimas, atrapados y manipulados por un mundo de explotación sexual. Estos niños son atraídos y algunas veces sufren coerción física por venderse a sí mismos por sexo. A esto se le llama tráfico de humanos. Se trata de una forma de esclavitud en tiempos modernos, sin las cadenas ni los grilletes de hace un siglo; es algo real y está sucediendo en nuestras narices. Una comunidad que dice: "Nosotros no tenemos ese problema," es una comunidad que se está engañando a sí misma. ¿Cómo es que estos traficantes y rufianes logran tener acceso a sus hijos? Usted no los ve transitando por las calles de su vecindario. Ellos no lo necesitan hacer. Ellos son invitados en la vida de su hijo, en su hogar, y en las conversaciones más privadas e íntimas de su hijo a través del internet y de los medios sociales.

En mi seminario de Cyber Safety Cop para padres, les pregunto a ellos dónde piensan que es el lugar más seguro para sus hijos. Siempre escucho la misma respuesta: la casa. Generalmente, los padres sienten temor que sus hijos anden sin supervisión fuera del hogar. La preocupación general entre ellos es pensar en

> "Nuestro adolescente conectado a los medios sociales … está conectado con aproximadamente 3.5 billones de personas."

la posibilidad de que sus hijos tomen contacto con alguien que ellos no conocen – alguien peligroso. Aunque esta posibilidad existe, el índice de crímenes violentos, en todo el país, ha disminuido significativamente en los últimos veinte años. La probabilidad que un adolescente tome contacto físico con un depredador sexual en su propio vecindario, y aún más, que sea raptado en la calle, es muy baja. Cuando volvemos a ver la imagen de un niño solo sentado en la seguridad de su dormitorio, vemos ahora algo nuevo. El niño sentado en su cama tiene ahora un dispositivo móvil con acceso al internet y a los medios sociales. Nuestros adolescentes conectados a los medios sociales no solo están expuestos a la gente en el vecindario, o a la población de los EE.UU., sino a casi 3.5 billones de personas en todo el internet. Esto se traduce en la posibilidad que millones de depredadores sexuales tengan acceso a sus hijos en sus propios hogares.

Las plataformas de los medios sociales son lugares en donde los depredadores pueden acosar activamente a niños, pero hay otros sitios web en donde esperan pasivamente que los niños tropiecen en ellos. Los salones para charlar de sitios web pornográficos o sitios web para anuncios clasificados son todos lugares en donde los depredadores están esperando que los niños curiosos los exploren. Backpage es un sitio web popular para publicar anuncios clasificados en línea, en segundo lugar, después de Craiglist. Una jovencita, esperando ser "descubierta" como una modelo o por su talento musical, podría responder a uno de muchos anuncios publicitarios en Backpage que afirma ser un lugar legítimo en búsqueda de talentos. Estos anuncios no son legítimos ni seguros y han sido la fuente que ha causado que menores hayan sido asaltados sexualmente y traficados en la industria comercial del sexo. Las jovencitas que van a estas fiestas o a lugares en búsqueda de talentos están cayendo, sin saberlo, en trampas muy bien elaboradas. En estos eventos, el "agente" o el "promotor del evento" está creando una situación en donde estas niñas son forzadas a tener sexo con hombres. La coerción se intensifica con el consumo de alcohol y drogas, lo cual disminuye las inhibiciones lo suficientemente como para manipular a las víctimas para que acaten sus órdenes.

Estos traficantes no son el tipo de persona que usted podría esperar que sean. Ellos pueden presentarse en distintas formas. Muchos rufianes y traficantes emplearán a otros estudiantes, como los compañeros de su hijo, como reclutadores. Ellos pueden ir más allá y colocar a un reclutador en la escuela, una persona que parezca sofisticada y que hable sobre las fiestas más divertidas a las que ella asiste, fiestas que en la realidad están pobladas por depredadores en búsqueda de víctimas muy jóvenes. Es mucho más probable que una jovencita vaya a una de estas fiestas si ella es invitada y acompañada por otra de sus compañeras de clase.

Los padres de la niña de 10 años de Cleveland creyeron que habían tomado todas las medidas razonables para protegerla. En el iPad de su hija, ellos habían activado algunas de las configuraciones de control parental para filtrar el contenido. Desafortunadamente ellos no hicieron lo suficiente. En este capítulo, trazaré un perfil de cómo es que los depredadores están usando los medios sociales para explotar a niños, y le ofreceré algunas medidas de seguridad, muy razonables, para que mantenga seguros a sus hijos.

Para empezar, debemos saber quién es nuestro enemigo y conocer sus capacidades. El depredador o pedófilo en línea se mantiene relacionado en la red con millones de otros individuos, con mentes muy similares a la suya, quienes comparten sus técnicas y experiencias. Ellos saben cómo identificar a las víctimas más vulnerables y qué técnicas utilizar con los niños para forzarlos a que les envíen sus imágenes o videos desnudos. En algunos casos, un pedófilo experimentado puede manipular al niño, establecer una relación, y hacer que el niño se reúna o se escape con él voluntariamente.

Para mantener a su hijo seguro, fuera del alcance de estos depredadores, necesitamos tener un conocimiento básico de cómo operan:

- Los depredadores en línea buscan a los niños que son emocionalmente vulnerables o niños que parecen tener una vida familiar inestable. Los padres deben ser conscientes que todo niño es potencialmente vulnerable, sin importar su composición familiar o nivel socio-económico. No obstante, hay algunos factores de riesgo que incrementan la condición de peligro del niño. Los más vulnerables son los niños que viven en un hogar destrozado, niños que se han escapado de sus hogares, o quienes están bajo el Sistema de Bienestar Infantil (*Child Welfare System*). Estos niños comparten en los medios sociales, con toda libertad, sus pensamientos, sentimientos, gustos y aversiones. No le toma mucho tiempo al depredador descubrir quién está teniendo problemas en casa o problemas en relaciones fundamentales en sus vidas.

- El depredador escucha atentamente al niño y este simpatiza con él. Estos depredadores son manipuladores hábiles y los niños que seleccionan como víctimas no tienen la madurez o experiencia en la vida para contrarrestar sus avances. Ellos le dicen al niño lo que éste desea oir, no lo que necesita oir. Cuando un adolescente se lamenta porque su padre o madre no lo deja salir por una semana, el depredador le dice que su padre o madre está equivocado o es un estúpido, y que él debería tener libertad de hacer lo que desee. El depredador empieza a establecer una relación de "nosotros en contra de ellos" y crea así una brecha entre el niño y sus padres.

- El depredador intensifica su relación con el niño y lo seduce. La fase de seducción, dentro del proceso de manipulación, es fundamental para que el pedófilo tenga éxito. El depredador mantiene cada vez una relación más estrecha con el niño al darle más atención, adulación, afecto, cariño y hasta regalos. El depredador hará sentir al niño como alguien especial. La selección inicial de la víctima es muy importante para esta fase. Los niños emocionalmente vulnerables se sienten ansiosos por ser amados y aceptados. El pedófilo sabe que a un niño, manipulado apropiadamente y atendido cuidadosamente, no le importa si él es mayor. Uno de los aspectos de mayor peligro es que él hace sentir que la relación parece ser valiosa, especial, para que de esta manera el niño, su víctima, oculte la relación de sus padres.

- El depredador introduce el sexo en la conversación. La introducción del sexo en la conversación puede ocurrir gradual o rápidamente, dependiendo de la progression de la tercera fase. Al llegar a este punto, el depredador no tiene que forzar al niño para que le envíe imágenes desnudas o se encuentre con él.

¿Cómo puedo identificar el tráfico de humanos?

El tráfico humano muchas veces pasa desapercibido, aún en el caso de individuos que interactúan con una víctima en forma regular. El reconocimiento de las "señales de peligro", puede ayudar a alertar a los padres, al personal administrativo escolar, y al personal escolar sobre situaciones de tráfico humano. El Departamento de Seguridad Nacional (*Department of Homeland Security, DHS*) ha identificado señales de advertencia cuando un adolescente es víctima del tráfico humano.[2] Reconocer estas señales es el primer paso para identificar a las potenciales víctimas, pero es importante resaltar que pueden haber explicaciones inocentes para algunas de estas señales y la existencia de un solo indicador no es necesariamente prueba del tráfico humano.

Comportamiento o estado físico:

- ¿Tiene el niño ausencias injustificadas en la escuela o ha mostrado, con regularidad, inhabilidad para asistir a la escuela?

- ¿De manera repentina ha cambiado el niño su forma usual de vestir, su comportamiento o sus relaciones?

- ¿Cuenta el niño repentinamente con más (y/o más caras) posesiones materiales?

- ¿El niño se escapa de la casa crónicamente?

- ¿Está el niño actuando con temor, ansiedad, deprimido, sumiso, tenso o nervioso y paranoico?

- ¿Hace el niño que otra persona hable por él, especialmente al interactuar con personas de autoridad (esta situación puede incluir la participación de un adulto descrito por el niño como un familiar o también puede tratarse de un amigo o novio)?

- ¿Muestra el niño señales de abuso físico y/o sexual, de represión física, de aislamiento, o señales de algún otro dolor o sufrimiento serio?

- ¿Se le ha privado al niño de alimentos, agua, sueño, cuidado médico, o de otras necesidades básicas de la vida?

- ¿Tiene el niño, en sus propias manos, sus documentos personales de identificación (p.ej. tarjeta de identificación estudiantil, licencia de conducir o pasaporte), o están en manos de otra persona?

Comportamiento social:

- ¿Tiene el niño una "novia", notoriamente, mayor que él?

- ¿Está el niño mostrando un comportamiento promíscuo, no característico, o está haciendo referencias a situaciones sexuales, o usando terminología que va más allá de lo específicamente apropiado para su edad?

- ¿Puede el niño contactarse libremente con sus amigos, familiares, o tutor legal?

¿Qué debo hacer si sospecho que ALGUIEN es víctima del tráfico humano?

Esta información proviene del sitio web del Departamento de Seguridad Nacional (*Department of Homeland Security, DHS*): Si usted sospecha que una persona podría ser víctima del tráfico humano, por favor, llame a la línea para recibir indicios o información de Investigaciones de Seguridad Nacional al 1-866-347-2423 (24 horas al día, 7 días a la semana, en más de 300 idiomas y dialectos) o envíe los detalles de su sospecha, por correo electrónico, al sitio web www.ice.gov/tips.

Usted también puede llamar al Centro Nacional de Recursos para el Tráfico Humano (*National Human Trafficking Resource Center*) al 1-888-373-7888 para recibir ayuda o poder conectarse con un proveedor de servicios en su área. Este centro es operado por una organización no gubernamental y no es considerada como una autoridad encargada de inmigraciones o del cumplimiento de la ley.

El personal no encargado del cumplimiento de la ley no debe intentar confrontar directamente a un sospechoso del tráfico humano o rescatar a una posible víctima. Hacerlo pondría en riesgo su seguridad así como la de la víctima. Al tratar de informar inmediatamente a las fuerzas de la ley acerca de sus sospechas, usted puede ayudar en forma segura al rescate de la víctima y al desmantelamiento de la operación de tráfico humano.

Si los administradores y el personal escolar tienen sospechas de un incidente de tráfico humano, ellos deberán seguir el protocolo establecido por el distrito escolar para tales casos. Las escuelas que no cuentan con tales protocolos en curso deben considerar adoptar un protocolo formal sobre cómo identificar los indicadores e informar acerca de los casos de sospecha a las autoridades que se dedican al cumplimiento de la ley. Su protocolo debe ser desarrollado en colaboración con los líderes del distrito escolar y las autoridades federales y/o locales dedicadas al cumplimiento de la ley; o los proveedores de servicios de salud mental, bienestar para niños, servicios para las víctimas; y otros socios apropiados de la comunidad. (DHS.gov, 2015)

El Departamento de Seguridad Nacional (DHS) ofrece capacitaciones gratuitas en línea sobre la Concientización acerca del tráfico humano en el sitio web:

http://www.dhs.gov/xlibrary/training

Notas

1. http://www.dailymail.co.uk/news/article-2888300/ls-child-s-new-iPad-magnet-paedophiles-Ten-year-old-girl-groomed-tablet-perverts-despite-parents-taking-sensible-safety-measures.html

2. Department of Homeland Security, "Blue Campaign: Human Trafficking 101," http://www.dhs.gov/sites/default/files/publications/blue-campaign/bc-inf-ht101-blue-campaign-human-trafficking-101.pdf

Cómo Hablar con su Hijo Acerca de la Pornografía

El internet ha hecho que la pornografía explícita (*hardcore*) sea más accesible que nunca antes. Más gente visita lugares pornográficos que quienes visitan Twitter, Netflix y Hulu en forma conjunta. La búsqueda de material pornográfico en línea y en la cultura popular está en aumento así como los casi cuarenta años de evidencia científica que sostienen que la contemplación de material pornográfico tiene efectos catastróficos en nuestras vidas.

Cuando hablamos con nuestros hijos acerca de la seguridad cibernética y del comportamiento apropiado en línea, debemos abordar el tema de la pornografía en línea. Hablar con su hijo sobre el sexo no es tarea fácil. Para la mayoría de los padres el simple pensamiento de tener que hablar sobre la pornografía les producirá niveles significativos de ansiedad. No solo se enfrenta usted a la incómoda tarea de hablar con su hijo acerca del por qué él no debe ver pornografía, sino también estará luchando contra la cultura popular predominante que afirma que el ver pornografía no produce víctimas sino más bien lo considera beneficioso. Nada más lejos de la realidad. La pornografía se está convirtiendo en uno de los problemas de salud pública más serios de nuestra sociedad, próxima a las drogas callejeras y al abuso del alcohol.

Esperar abordar este tema hasta que su hijo haya sido expuesto a la pornografía puede ser desgarrador. Yo he conversado con padres que viven en distintos lugares de los EE.UU. y ellos han compartido conmigo la agonía personal que experimentaron cuando descubrieron que su hijo ya había sido expuesto a la pornografía en línea. Esta exposición a la pornografía en línea ocurre a veces de manera accidental, mientras que en otras ocasiones, el hijo busca intencionalmente la pornografía en línea. Sus historias son todas tan similares. Ellos se quedan escandalizados al ver lo fácil que es para su niño de ocho años llegar accidentalmente a un sitio web que expone material explícito de pornografía, y aún más, cuán extremos y perturbadores se exhiben los actos sexuales en la página central de los sitios web, y los padres experimentan al mismo tiempo un intenso sentimiento de culpabilidad y de falla por no haber protegido a su hijo de mejor manera.

Cuando hablamos con nuestros hijos acerca de la pornografía, pienso que no es suficiente decir tan solo: "Simplemente no veas pornografía." Este no es un argumento de peso frente a todas las hormonas y químicos neurales que están inundando sus cerebros cuando ellos están viendo pornografía. Cuando se trata de una conversación con los hijos (especialmente con los varones), sobre drogas o pornografía, esta conversación debe explorar un panorama más amplio. La pornografía no es neutral. La pornografía causará efectos dolorosos tanto al observador como a otros. Nosotros necesitamos presentarles información que sea significativa para cuando nuestros hijos salgan de la protección del sistema para bloquear el acceso no autorizado del enrutador de la casa (*router's firewall*) y estén conectados a un mundo sin filtros pornográficos.

Yo tengo dos hijos adolescentes. Me senté y compartí con ellos cuatro puntos basados en evidencias: 1) La pornografía lastima tu cerebro; 2) La pornografía lastima a las mujeres; 3) La pornografía lastima a las familias; y 4) La pornografía estimula el tráfico humano. A continuación voy a exponer el sustento para cada uno de los puntos y después le mostraré cómo lo puede presentar en conjunto cuando converse con sus hijos.

La pornografía lastima tu cerebro

¿Qué es lo que tienen en común la cocaína y la pornografía en línea? Por lo visto, ambas tienen mucho en común. En un lugar muy profundo en su cerebro hay algo que es llamado la "vía de recompensa."[1] La vía de recompensa es un mecanismo importante para nuestra sobrevivencia. Conecta el comportamiento con un sentimiento de bienestar o placer. Lo hace liberando químicos – principalmente uno llamado dopamina, y otros como la oxitocina.[2] Estos químicos neurales son muy poderosos y por una buena razón. Ellos promueven o recompensan actividades que son esenciales para la vida, como comer, tener sexo (para la procreación), o por cumplir con la ejecución de una tarea difícil (como la caza o la recolección).[3] Estos químicos son los que nos hacen sentir felices y eufóricos. Desafortunadamente ellos pueden ser secuestrados por las drogas callejeras y la pornografía.[4]

Las drogas callejeras como la cocaína y la heroína hacen que el usuario se sienta muy excitado al activar la vía de recompensa y liberar altos niveles de dopamina. La acción de mirar pornografía utiliza la misma vía de recompensa que las fuertes drogas callejeras. Hay que recordar que el propósito de la vía de recompensa es de guiar al usuario para que él regrese a mostrar el comportamiento que activó la liberación de químicos. El incremento de la dopamina en el cerebro va más allá que el causar que el usuario logre una elevada euforia, ayuda a crear nuevas vías en el cerebro. En otras palabras, produce cambios en su cerebro. Cuanto más heroína se inyecte un drogadicto o que un adicto a la pornografía vea pornografía, la mayor cantidad de vías quedan conectadas en el cerebro, haciendo cada vez más fácil y más fácil que la persona vuelva a utilizarla, quiera hacerlo o no.[5] A esto se le llama adicción. Si un adolescente está viendo pornografía, estos cambios cerebrales y la conexión de las vías neurales con la pornografía están sucediendo en un momento crucial del desarrollo cognitivo del cerebro.

Sí, usted puede convertirse en un adicto para ver pornografía. La pornografía tiene la misma trayectoria que otras substancias adictivas. Con el paso del tiempo, un drogadicto eventualmente requerirá más y más droga para lograr excitarse o aún para sentirse normal. De la misma forma, los usuarios de la pornografía pueden desarrollar rápidamente una tolerancia al estar sus cerebros adaptándose a elevados niveles de dopamina.[6] En otras palabras, aún cuando la pornografía está liberando dopamina en el cerebro, el usuario no puede sentir tanto sus efectos. Como resultado, muchos usuarios de pornografía tienen que buscar más pornografía y buscarla con más frecuencia o buscar una versión más extrema – o las tres- para generar aún más dopamina para sentirse excitados.[7]

La pornografía lastima a las mujeres

En casi todas las pornografías las mujeres son simples objetos utilizados para satisfacer los deseos sexuales del hombre. En los videos las mujeres son retratadas como sintiéndose felices haciendo cualquier cosa que el hombre desea que hagan, aún cuando sea algo doloroso o humillante. Un estudio de los videos pornográficos más populares encontró que nueve de cada diez escenas mostraban mujeres siendo abusadas verbal o físicamente; no obstante ello, las víctimas femeninas casi siempre respondían con placer o se mostraban neutrales.[8] Como resultado, las ideas que tienen los varones usuarios de pornografía sobre cómo debieran ser las relaciones sexuales o las relaciones amorosas están con frecuencia distorsionadas.

En un informe de James Check y Kristin Maxwell (1992), basado en una encuesta anónima a 247 estudiantes de una escuela intermedia canadiense, cuyas edades promediaban los 14 años, se encontró que el 87% de los muchachos y el 61% de las muchachas dijeron que habían visto videos de pornografía. La edad promedio de los estudiantes que habían sido expuestos por primera vez a la pornografía fue muy cercana a los 12 años de edad.

El 33% de los muchachos versus solo el 2% de las muchachas informaron que veían pornografía una vez al mes o con más frecuencia. Adicionalmente, el 29% de los muchachos versus el 1% de las muchachas reportaron que la pornografía era la fuente que les había proporcionado la información más útil sobre el sexo (esto es, más que la información por parte de los padres, la escuela, los amigos, etc.). Finalmente, los muchachos que fueron los consumidores más frecuentes de pornografía y/o que informaron que aprendieron mucho de la pornografía, eran los que con mayor posibilidad decían que estaba "bien" sujetar con fuerza a una muchacha y forzarla a tener relaciones sexuales.[9]

La pornografía lastima matrimonios y familias

Las investigaciones han encontrado que los matrimonios en los que una persona tiene problemas sexuales o una obsesión sexual con frecuencia son atormentados con menos intimidad y sensitividad, así como más ansiedad, ocultamientos o secretos, aislamiento y disfuncionalidad en la relación.[10] Los estudios han descubierto que es más probable que los usuarios de pornografía que están casados tengan sexo con otras personas que no sean sus esposas en comparación a los casados que no buscan pornografía.[11]

Cuando trato el tema de los efectos de la pornografía en mi seminario para padres, con frecuencia observo a las mujeres en la audiencia con lágrimas que brotan de sus ojos. Ellas se acercan a mí después que finalizo la presentación y comparten conmigo cómo sus matrimonios están fracasando o han fracasado porque sus esposos son adictos a la pornografía en línea, y ahora ellas están tratando de proteger a sus hijos. El uso frecuente de la pornografía por el esposo(a) conduce a la pérdida de la confianza e intimidad. En una encuesta realizada en el año 2002 a los miembros de la Academia Americana de Abogados Matrimoniales (*American Academy of Matrimonial Lawyers*), el 62% de los abogados especializados en divorcios que fueron entrevistados dijeron que la obsesión por la pornografía ha sido un factor significativo en los casos de divorcios que ellos trataron en el año anterior.[12]

La pornografía promueve el tráfico humano

En los noticieros nocturnos escuchamos con frecuencia historias horribles del tráfico sexual aquí en los EE.UU. y alrededor del mundo. Nos sentimos horrorizados y disgustados por aquéllos que retienen a mujeres y niños en contra de su voluntad y por nada más considerarlos como objetos de placer sexual. Yo soy voluntario y apoyo a *Agape International Missions* en Cambodia. Yo he viajado varias veces a Cambodia y he presenciado la carga emocional y física que esta maldad causa en los más vulnerables. Al mismo tiempo, nosotros vivimos en una cultura que celebra la pornografía como un ejemplo de expresión de la Primera Enmienda. Estos puntos de vista opuestos acerca del tráfico sexual y la pornografía deben ser abordados.

Hay una conexión entre los sitios "convencionales" de pornografía en el internet y el deseo del tráfico sexual. La industria pornográfica de $100 billones está alimentando el apetito o búsqueda de niños.[13] Las jovencitas adolescentes ahora forman parte de la porción más grande de pornografía visible. Un análisis de las tendencias actuales de Google (Google Trends) indica que las búsquedas de "pornografía de adolescentes" se ha más que triplicado entre 2005-2013, y la pornografía de adolescentes fue el género de mayor crecimiento en este periodo…[alcanzando un] estimado de 500,000 diariamente en marzo de 2013, lo que representa un tercio del total de búsquedas diarias de pornografía en los sitios web."[14]

En el artículo de Melissa Farley del año 2007, "Alquilando un órgano por diez minutos" (*Renting an Organ for Ten Minutes*):' Lo que nos dicen las argucias (personas que pagan por sexo) acerca de la prostitución, la pornografía y del tráfico." Ella entrevistó a 854 mujeres dedicadas a la prostitución en 9 países. Casi la mitad de las mujeres que entrevistó (49%) dijeron que fueron forzadas a actuar en películas pornográficas mientras estuvieron involucradas en la prostitución.[15]

Si usted está viendo pornografía, usted está apoyando un sistema que está ayudando a mantener la esclavitud de hombres, mujeres y niños alrededor de todo el mundo.

Juntando todos los puntos

Quiero presentarle un argumento sólido en contra de la pornografía en la vida de su hijo y también en su vida. Cuando converse usted con su hijo, explíquele por qué es que usted tomó la decisión de no ver pornografía. Haga que las razones que sustentan por qué usted no ve pornografía sean muy personales. Los argumentos más sólidos brotan del corazón.

Esto es lo que compartí con mis dos hijos adolescentes:

> *"Yo decidí no ver pornografía por varias razones. Quiero compartirlas con ustedes y explicarles por qué la pornografía es destructiva, y cómo es que, si ustedes dejan que ingrese en sus vidas, puede lastimarlos a ustedes y a la gente que ustedes aman. Mis razones no son simplemente mis opiniones sino están basadas en mucha investigación y ciencia, que puedo mostrarles más adelante si a ustedes les interesa.*

> *En primer lugar, yo no veré pornografía por las mismas razones por las que no usaré drogas callejeras tal como la heroína. Ver pornografía puede llevarnos a una adicción. La ciencia nos ha demostrado que los químicos que son liberados en el cerebro cuando uno consume drogas son los mismos químicos que son liberados cuando uno ve pornografía. La adicción te destruye desde tu interior hacia fuera, y eso incluye tu salud, tu trabajo, tus amistades, y tu familia. Yo trabajo duro para sostenerlos a ustedes y a nuestra familia. Mi habilidad para actuar de esa manera proviene de tener una mente y alma saludables. La adicción, de*

cualquier tipo, lastima y esclaviza tu mente y tu espíritu.

En segundo lugar, la pornografía lastima a las mujeres. Yo respeto a su madre y a todas las mujeres. La pornografía considera a las mujeres como objetos. Eso significa que a las mujeres se les ve como simples objetos físicos, se les considera menos que seres humanos, y su único valor es el de satisfacer sexualmente a los hombres aunque los actos sexuales son dolorosos o las lastiman. Es por esta razón que los jovencitos que miran pornografía sienten que el crimen de la violación no es tan serio como lo consideran los jovencitos que no miran pornografía. Y, como nosotros respetamos a las mujeres, nosotros nunca le pedimos a una muchacha que nos envíe una imagen desnuda de sí misma.

Una tercera razón por la que no veo pornografía es que yo los quiero a ustedes y a su madre. Ver pornografía abre tu mente y tu corazón a la idea de tener una relación con alguien diferente a la persona con quien estás casado. Yo los quiero mucho a ustedes y a su madre y no quiero hacer nada que los lastime a ustedes ni a su madre o que cause la destrucción de esta familia.

Una cuarta razón por la cual no veo pornografía es porque algunas de las mujeres que están en esos videos aparecen en ellos no porque lo deseen. Algunas de ellas son forzadas a hacerlo. Yo me niego a ser parte de un sistema que esclaviza a personas y les roba su dignidad. Finalmente, yo no veo pornografía porque muchas de las mujeres que aparecen en esos videos son forzadas a tener relaciones sexuales en contra de su voluntad. Algunas de las mujeres son forzadas a que lo hagan. A estas mujeres se les proporcionan drogas o son golpeadas si no quieren participar en esos videos. Cuando alguien enciende el botón para ver un video, él esta lastimando a otra persona. Si nadie viera pornografía, esas muchachas estarían libres. [Quizás puedan ver con sus hijos el video "Refuse to Click (Negarse a hacer clic)" si piensan que es apropiado para ellos].

Yo he colocado filtros en sus dispositivos y en su computadora con el propósito de que ustedes no puedan ver pornografía deliberada o accidentalmente. Sé que no puedo garantizar que ustedes vayan a ver pornografía en cualquier otro lugar, como podría ser el dispositivo de un amigo. Así como en el caso de las drogas, yo no puedo estar con ustedes todo el tiempo para asegurarme que tomen una decisión correcta. Por último, todo dependerá de ustedes. Recuerden, ustedes no pueden ver pornografía sin lastimar a alguien.

Yo quiero que ustedes estén preparados cuando alguien les ofrezca mostrarles pornografía de cualquier tipo. ¿Cuál sería una buena manera de decirles no?"

"No, yo no quiero ver pornografía porque lastima a mujeres," o

"No, no me envies esa imagen o video, no quiero mantener esas imágenes en mi mente."

Conversar con su hijo acerca de la pornografía en línea no es fácil. No podemos ignorar hacerlo si es que queremos que nuestros hijos tengan percepciones saludables sobre las mujeres y sobre relaciones saludables.

Notas

1. Hilton, D. L., And Watts, C. (2011). Pornography Addiction: A Neuroscience Perspective. Surgical Neurology International, 2: 19; (Http://Www.Ncbi.Nlm.Nih.Gov/Pmc/Articles/Pmc3050060/)

   Bostwick, J. M. And Bucci, J. E. (2008). Internet Sex Addiction Treated With Naltrexone. Mayo Clinic Proceedings 83, 2: 226–230;

   Nestler, E. J. (2005). Is There A Common Molecular Pathway For Addiction? Nature Neuroscience 9, 11: 1445–1449; Leshner, A. (1997). Addiction Is A Brain Disease And It Matters. Science 278: 45–7.

2. Hedges, V. L., Chakravarty, S., Nestler, E. J., And Meisel, R. L. (2009). Deltafosb Overexpression In The Nucleus Accumbens Enhances Sexual Reward In Female Syrian Hamsters. Genes Brain And Behavior 8, 4: 442–449;

   Bostwick, J. M. And Bucci, J. E. (2008). Internet Sex Addiction Treated With Naltrexone. Mayo Clinic Proceedings 83, 2: 226–230;

   Doidge, N. (2007). The Brain That Changes Itself. New York: Penguin Books, 108; Mick, T. M. And Hollander, E. (2006). Impulsive-Compulsive Sexual Behavior. Cns Spectrums, 11(12):944-955;

   Nestler, E. J. (2005). Is There A Common Molecular Pathway For Addiction? Nature Neuroscience 9, 11: 1445–1449; Leshner, A. (1997). Addiction Is A Brain Disease And It Matters. Science 278: 45–7.

3. Bostwick, J. M. And Bucci, J. E. (2008). Internet Sex Addiction Treated With Naltrexone. Mayo Clinic Proceedings 83, 2: 226–230;

   Balfour, M. E., Yu, L., And Coolen, L. M. (2004). Sexual Behavior And Sex-Associated Environmental Cues Activate The Mesolimbic System In Male Rats. Neuropsychopharmacology 29, 4:718–730;

   Leshner, A. (1997). Addiction Is A Brain Disease And It Matters. Science 278: 45–7.

4. Doidge, N. (2007). The Brain That Changes Itself. New York: Penguin Books, 106; Nestler, E. J. (2005). Is There A Common Molecular Pathway For Addiction? Nature Neuroscience 9, 11: 1445–1449.

5. Angres, D. H. And Bettinardi-Angres, K. (2008). The Disease Of Addiction: Origins, Treatment, And Recovery. Disease-A-Month 54: 696–721; Doidge, N. (2007). The Brain That Changes Itself. New York: Penguin Books, 102.

6. Pitchers, K. K., Vialou, V., Nestler, E. J., Laviolette, S. R., Lehman, M. N., And Coolen, L. M. (2013). Natural And Drug Rewards Act On Common Neural Plasticity Mechanisms With DeltaFosB As A Key Mediator. Journal Of Neuroscience 33, 8: 3434-3442;

   Angres, D. H. And Bettinardi-Angres, K. (2008). The Disease Of Addiction: Origins, Treatment, And Recovery. Disease-A-Month 54: 696–721;

   Doidge, N. (2007). The Brain That Changes Itself. New York: Penguin Books, 105; Paul, P. (2007). Pornified: How Pornography Is Transforming Our Lives, Our Relationships, And Our Families. New York: Henry Hold And Co., 75.

7. Angres, D. H. And Bettinardi-Angres, K. (2008). The Disease Of Addiction: Origins, Treatment, And Recovery. Disease-A-Month 54: 696–721;

   Zillmann, D. (2000). Influence Of Unrestrained Access To Erotica On Adolescents' And Young Adults' Dispositions Toward Sexuality. Journal Of Adolescent Health 27, 2: 41–44.

8. Bridges, A. J. (2010). Pornography's Effect On Interpersonal Relationships. In J. Stoner And D. Hughes (Eds.) The Social Costs Of Pornography: A Collection Of Papers (Pp. 89-110). Princeton, NJ: Witherspoon Institute;

   Bergner, R. And Bridges, A. J. (2002). The Significance Of Heavy Pornography Involvement For Romantic

Partners: Research And Clinical Implications. Sex And Marital Therapy 28, 3: 193–206.

9. Kristin Maxwell and James Check, "Adolescents' rape myth attitudes and acceptance of forced sexual intercourse." Paper presented at the Canadian Psychological Association Meetings, Quebec, June 1992.

10. Wildmom-White, M. L. And Young, J. S. (2002). Family-Of-Origin Characteristics Among Women Married To Sexually Addicted Men. Sexual Addiction & Compulsivity 9, 4: 263–73.

11. Wright, P. (2013). U.S. Males And Pornography, 1973–2010: Consumption, Predictors, Correlates. Journal Of Sex Research 50, 1: 60–71;

    Zillmann, D. And Bryant, J. (1988). Effects Of Prolonged Consumption Of Pornography On Family Values. Journal Of Family Issues 9: 518–554.

12. Dedmon, J. (2002). Is The Internet Bad For Your Marriage? Online Affairs, Pornographic Sites Playing Greater Role In Divorces. Press Release From The Dilenschneider Group, Inc.

13. Watson, Connie. "The Globalization of Sex." CBC News. CBC/Radio Canada, 18 June 2009. Web. 06 Jan. 2015.

14. Dines, Gail, and David Levy. "Good Cop Bad Cop: Corporate Political Strategy in the Porn Industry." Web log post. Organizations and Social Change. N.p., 13 Nov. 2013. Web.

15. Farley, M. "Renting an Organ for Ten Minutes: What Tricks Tell us about Prostitution, Pornography, and Trafficking." (2007)

Acoso Cibernético

Hay muchos ejemplos de acoso cibernético. Algunas veces son tan simples como los mensajes odiosos enviados por texto o las publicaciones lastimosas posteadas en la cuenta de medios sociales de alguna persona. Ese tipo de intimidación o acoso es lo más cercano a lo que las generaciones más antiguas experimentaron como mofas e insultos en el patio a la hora del recreo. Las palabras usadas en ese intercambio en el patio son ciertamente lastimosas y dañinas, pero usualmente son conversaciones privadas, entre el perpetrador y la víctima. El internet ofrece métodos de acoso público que son aún más lastimosos, que continuan su existencia en el internet en forma indefinida, manifestándose en búsquedas acerca de la víctima años después de que ocurrió el incidente. Algunas veces ese tipo de acoso involucra editar o volver a publicar una foto poco favorecedora o reenviar a otra persona esa imagen vergonzosa. A veces el perpetrador va aún más lejos, como podemos ver lo que ocurrió en el siguiente ejemplo.

Un Domingo por la tarde, Carlie, una estudiante de 12 años que asistía al 7º grado en una populosa escuela secundaria, recibió un mensaje de texto de su amiga Gina. En el texto Gina le dijo que alguien había creado una cuenta en Instagram que mostraba una foto de Carlie y mencionaba "cosas malas" acerca de ella. Carlie fue a la cuenta de Instagram y se horrorizó con lo que encontró. La imagen de perfil era una fotografía de Carlie tomada de su propia cuenta de Instagram. El nombre de la cuenta era "Carlierameraputazorrafea" ("*Carliewhorebitchslutugly*"), y la biografía decía, "Soy una zorra puta, odio a todos." En menos de una hora de la creación de la cuenta, cientos de compañeros de clase de Carlie estuvieron siguiendo la cuenta y comentando acerca de las imágenes que el creador de la cuenta había publicado. Los ojos de Carlie empezaron a derramar lágrimas al mismo tiempo que ella deslizaba el cursor hacia abajo y leía los comentarios. La persona que había creado la cuenta estaba publicando y comentando como si fuera la misma Carlie, y sus mensajes publicados eran pornográficos y terriblemente maliciosos. Lo que hacía que las publicaciones fueran realmente lastimosas eran los comentarios que hacían los compañeros de Carlie, algunos de ellos Carlie los consideraba sus amigos. Los compañeros expresaron su aprobación a lo publicado (*liking*) y escribieron comentarios repugnantes para destruir a Carlie. "LOL" y "LMAO," fueron como un sazonador adicional para que los comentarios fueran más hirientes. Carlie buscó a alguien que pudiera defenderla; alguien que dijera que estas publicaciones eran groseras. Ella no podía encontrar un compañero que objetara la paliza que estaba recibiendo en línea. Carlie se sintió muy sola y asustada. Ella tenía temor de contar a su mamá y papá lo sucedido. Ella sabía que sus padres se "pondrían furiosos", le quitarían su celular y llamarían a la escuela. Su teléfono y la habilidad de conectarse con sus amigos era algo muy importante que no quería perder. Ella también tenía el temor de que si sus padres llamaban a la escuela, las cosas iban a empeorarse. Carlie decidió no decirles nada a sus padres, y a la mañana siguiente se fue a la escuela con la esperanza de que la situación mejoraría. Las situaciones de acoso o intimidación como esta nunca se disipan, tienen una vida propia. Continuan volando como el viento.

Cuatro días después, la directora de la escuela de Carlie me llamó, "Oficial Cranford, tenemos una situación de acoso en Instagram. Necesitamos su ayuda." Cuando llegué, encontré a Carlie y a otra jovencita en la oficina de la directora. A Carlie la trajeron a la oficina principal porque la habían encontrando peleando y jalándole el pelo a otra muchachita. Cuando le dijeron a Carlie que había sido suspendida por dos días debido a la pelea, ella le mostró a la directora la cuenta fraudulenta de Instagram. Quedó claro que el estrés que le causó observar esta cuenta fue demasiado para Carlie, y que ella no pudo más y actuó de esa manera. La jovencita con la que peleó Carlie no era la que creó la cuenta. Ella era tan solo una compañera que se había burlado de Carlie por su cuenta en Instagram.

No demoré mucho para encontrar al culpable. Carlie sabía ya quién había creado la cuenta fraudulenta de Instagram; a ella y a la otra estudiante les gustaba el mismo muchacho y algunas semanas atrás, entre las dos, habían tenido encuentros hostiles abiertamente. Yo procedí a señalar o marcar la cuenta como fraudulenta (más adelante en la pg. 96 les explicaré cómo hacer esto), por el hecho de violar el acuerdo de usuario de Instagram, y por consiguiente la cuenta fue eliminada en menos de una hora. Desafortunadamente, como la cuenta fraudulenta había estado en línea por más de cuatro días, los estudiantes ya habían retomado fotos de las imágenes publicadas que aparecían en sus pantallas y las compartieron a través de sus cuentas personales. No obstante ello, tuvimos éxito al eliminar la cuenta ilícita, pero nosotros no podremos quitar por completo del internet las publicaciones que se generaron.

El fenómeno del acoso no es nada nuevo. Cualquier padre que haya sido intimidado o acosado en su niñez puede volver a recontar su experiencia con mucho detalle. El acoso comparte ciertas características con la intimidación tradicional que ocurría en el patio de la escuela, pero hay diferencias importantes y distintivas. Como lo veremos más adelante, estas diferencias distintivas hacen que el acoso sea, de muchas formas, más doloroso psicológicamente y duro físicamente que la intimidación tradicional.

En mi taller para padres se incluye una definición del acoso. El término acoso ha sido utilizado en exceso crónicamente. Ha sido usado para describir virtualmente cualquier situación entre niños que involucre un espíritu mezquino o de herir sentimientos. Yo no quiero que los padres se distraigan con una etiqueta. Yo quiero que ellos se enfoquen en el comportamiento. El comportamiento rudo, agresivo, e hiriente, necesita ser abordado ya sea que ocurra una sola vez o de manera repetitiva. Es importante tener una clara definición del acoso porque el comportamiento que califica como acoso es diferente y significativo. Este comportamiento es más serio por los efectos causados tanto a la víctima como al acosador.

Cualquier persona que trabaje para el sistema escolar, desde el kínder hasta la escuela secundaria, sabe que las palabras hirientes y el juego mezquino forman parte de la mayoría de las interacciones de estudiante a estudiante. ¿Son todos estos verdaderamente incidentes de acoso? Si todo comportamiento antisocial fuese un acoso, entonces prácticamente todo niño sería un perpetrador y todos serían una víctima. En un contexto tan amplio, el acoso ha perdido todo significado. ¿Puede acaso el incidente, que ocurrió una sola vez, impactarle a un estudiante a tal punto de causarle un significativo sufrimiento psicológico al recibir un mensaje hiriente? La respuesta es, sí. ¿Pero es esto un acoso o intimidación? Una buena definición podría ayudar a aclarar esta pregunta.

Cada organización importante de salud infantil u organización en contra del acoso ha publicado su propia definición del acoso. Pienso que una de las mejores y más significativas definiciones del acoso es la proporcionada por Stopbullying.gov, un sitio web del gobierno federal administrado por el Departamento de Salud y Servicios Humanos de los EE.UU. (*U.S. Department of Health & Human Services*).[1]

> El acoso es un comportamiento no deseado, agresivo, entre niños en edad escolar, que involucra un desbalance de poder, real o percibido. El comportamiento es repetitivo o tiene el potencial de repetirse con el paso del tiempo.

El acoso cibernético no encaja perfectamente en esta definición del acoso. No requiere que el acosador sea más grande o más fuerte que la víctima. El internet es el gran nivelador del poder. Todos tenemos una voz similar, y debido a ello el desbalance de poder, en el mejor de los casos, es transitorio. Un comentario o imagen singular puede convertirse en un virus y crecer exponencialmente. Por este motivo, un acto singular puede tener el mismo efecto que un ataque repetido hacia una víctima.

Efectos del acoso cibernético

Las víctimas del acoso cibernético me dicen que se sienten desamparadas. Ellas dicen que bloquear al acosador o desactivar sus teléfonos no resuelven sus problemas. Es como si se tratara de una fuerza malevolente, creciendo en poder, poniendo a sus amigos en contra de ellos. La naturaleza permanentemente presente del internet y del acoso cibernético crea un nivel bajo de constante estrés en la víctima. Los niños atrapados en este síndrome del acoso cibernético y del estrés inducido pueden presentar todos los síntomas del Trastorno del Estrés Postraumático (*Post-Traumatic Stress Disorder – PTSD*).

No solo la víctima requiere ayuda. Depués de haber investigado cientos de incidentes del acoso cibernético, he aprendido que el acosador necesita tanta o quizás aún más ayuda que la víctima. Un estudio del año 2012, publicado en la Revista de psicología para niños anormales, encontró que las víctimas del acoso, con frecuencia, acosaban ellos mismos a otros compañeros escolares.[2] Es importante recordar que los niños perpetradores son en sí víctimas también. Por esta razón, la meta del sistema de justicia juvenil no es la de encarcelar a los muchachos o arrojarlos a la calle. La meta es de intervenir, educar y restaurar.

Cómo responder a un incidente de acoso cibernético

Yo animo a los padres para que preparen a sus hijos con las herramientas necesarias para que puedan resolver un incidente de acoso por sí mismos. Por supuesto, la aplicación de este consejo no ocurre en todos los casos, especialmente en aquellos en donde hubo violencia. Mi experiencia es que la mayoría de los estudiantes desea tener la oportunidad de resolver, por cuenta propia, sus conflictos con otros estudiantes. Desafortunadamente muchos padres nunca les dan esa oportunidad. Los padres llaman inmediatamente al maestro o director para que intervengan. En mi taller para estudiantes, les recomiendo a ellos que tomen los siguientes pasos cuando estén enfrentando un comportamiento rudo o de acoso:

Paso #1: No respondan y no tomen venganza

Una reacción natural al ver un mensaje inapropiado es presionar el botón de responder y contestar de inmediato. Desafortunadamente, si la persona que recibió el mensaje actúa de esa forma, ella está cayendo en las manos del instigador. Cualquier principio moral en que se había basado el receptor para considerarse una víctima, se debilita rápidamente cuando toma represalia, como suele ocurrir en otros tipos de conflictos. En la escuela, en muchas ocasiones, han solicitado mi ayuda para resolver situaciones complejas de acoso en línea. Un estudiante afirma que es la víctima, mientras que el otro también dice ser la víctima. Revisando a través de los mensajes de texto encuentro una serie de insultos de ida y vuelta, lanzados por ambos lados. Es imposible saber cuál de los niños es el agresor. En este tipo de situaciones, es muy común que ambos estudiantes sean disciplinados no importando quién inició los insultos.

Paso #2: No sea un espectador (*a bystander*)

A las víctimas se les dificulta pedir ayuda. Ellas sienten el temor de que el hostigamiento continuará o se intensificará, o que ellos serán calificados como "soplones." En mi experiencia, la mayoría de los reportes de comportamiento inapropiado o amenazante fueron hechos por una tercera persona o "espectador." Los estudiantes simpáticos, espectadores potenciales, que informan sobre comportamientos que causan daño, son un recurso clave para descubrir e intervenir en incidentes de acoso antes que estos se agraven. Los sistemas para reportar basados en textos en línea anónimos o confidenciales ayudan mucho a facilitar que los estudiantes reporten la información. Los estudiantes tienen que comprender que cuando ellos informan sobre incidentes de acoso, ellos no están poniendo en problemas al instigador, sino lo están ayudando. Después de investigar cientos de incidentes de acoso cibernético, he aprendido que el acosador necesita tanta o quizás aún más ayuda que la víctima.

Paso #3: Documente el comportamiento abusivo

Si es posible, tome inmediatamente fotos de la pantalla en donde aparecen todos los mensajes agresivos, rudos, o amenazantes. Si el instigador piensa que usted va a reportarlo a la escuela o a la policía, él podría tratar de encubrir sus huellas volviendo hacia atrás para revisar y borrar sus comentarios o su cuenta por completo. Esto es especialmente crítico, si se trata de una amenaza con violencia. No obstante que algunas veces los oficiales de las fuerzas policiales pueden recuperar los mensajes borrados, directamente de los proveedores de medios sociales, el tener una imagen de lo publicado o del mensaje puede ayudar a las autoridades a saber cómo proceder.

Paso #4: Reporte el abuso al sitio web donde ocurrió

Todos los sitios de medios sociales de buena reputación tienen guías y acuerdos para usuarios que prohiben el comportamiento abusivo. Ellos también cuentan con un mecanismo que permite a los usuarios informar sobre publicaciones, imágenes o cuentas que violan el acuerdo para usuarios. Además, el sitio tiene un procedimiento para revisar, remover o prohibir a los usuarios que violan estas guías. La rapida eliminación del contenido abusivo es muy importante y puede ayudar a mitigar problemas futuros.

Paso #5: Bloquee al instigador para que no contacte a la víctima

El paso final puede ser el más obvio. Use las opciones para bloquear cuentas que tienen los sitios de medios sociales, y para bloquear números telefónicos que tienen los teléfonos inteligentes (*smart phones*), para que el instigador no pueda contactar a la persona que es su objetivo. Algunos estudiantes con los que he trabajado tuvieron que retirarse completamente de los medios sociales debido a los mensajes y publicaciones hirientes que provenían de usuarios anónimos. El instigador está buscando una reacción. Muchas veces, sin contar con alguien que quiera jugar su juego, ellos se aburren y se alejan.

Paso #6: Intente una solución de padre a padre (padre de la víctima y padre del instigador)

Si los pasos del 1 al 5 no solucionan el comportamiento inapropiado en línea, un padre o autoridad escolar debería ser contactado. En lo posible, yo animo a los padres a tratar de resolver el problema en conversación de padre a padre. Una vez que el padre ha reunido los datos y logrado un buen entendimiento de lo que está sucediendo, recuerden que los niños cometen errores, y que la mayoría de los problemas (sin incluir las amenazas con violencia o actividad criminal) pueden manejarse a nivel de padres. Yo animo a los padres a que se acerquen a los padres del estudiante que publico el mensaje o publicación inapropiada para informarles lo que ustedes han aprendido. Un tono acusatorio se encontrará frente a otro a la defensiva. Recuerde, la meta es la de tratar de atenuar el conflicto entre los estudiantes, no ganar puntos, o buscar una venganza. Si la conversación entre los padres no detiene el comportamiento inapropiado, entonces, yo aconsejo a los padres que tomen el siguiente nivel que es el de recurrir a la autoridad administrativa escolar y al oficial de recursos escolares.

Notas

1. Bullying Definition. (2012, February 29). Retrieved August 06, 2017, from https://www.stopbullying.gov/what-is-bullying/definition/index.html

2. Idsoe, T., Dyregrov, A. & Idsoe, E.C. J Abnorm Child Psychol (2012) 40: 901. https://doi.org/10.1007/s10802-012-9620-0

Amenazas y Consecuencias

Yo he investigado en las escuelas cientos de amenazas en línea. La gran mayoría de estudiantes que efectuaron amenazas fueron chicos buenos que eligieron malas opciones sin el deseo de causar daño a nadie. Ellos se sentían molestos o frustrados con otro estudiante y dijeron algo que no podían retractarse. Hoy en día vivimos en un mundo donde suceden tiroteos en las escuelas. Las escuelas y las fuerzas policiales toman cada una de las amenazas con mucha seriedad. Los estudiantes no toman en consideración las consecuencias potenciales que podrían sufrir más adelante debido a las expresiones amenazantes que publicaron. En algunos casos esas consecuencias pueden tener efectos cambiantes en sus vidas.

Un estudiante a quien llamaré "Sean," se encontró otra vez en la oficina del director por haber mostrado un comportamiento disruptivo en clase. El director explicó que como no era la primera vez que lo hacía lo enviaron a su oficina, Sean debía ser enviado a casa y ser suspendido por un día. La madre de Sean estaba en su trabajo y dio al director su autorización verbal, por teléfono, para permitir a Sean caminar a casa, pues él vivía a solo unas cuadras de la escuela. Sean, al ir caminando a casa con la nota de suspención en su bolsillo, no podía dejar de pensar cómo es que la maestra había logrado castigarlo, y ahora problablemente su mamá no lo dejaría salir de casa tampoco.

Al llegar a una casa vacía, Sean sacó su smartphone e ingresó a Instagram. La ira y la frustración le hervían por dentro. Rápidamente empezó a deslizar sus dedos en su celular buscando la cuenta de su maestra y la encontró. Procedió a tomar su imagen de perfil y la publicó en su propia cuenta de Instagram e impulsivamente escribió: "¡ESTA ES LA HIJA DE PUTA QUE LOGRÓ QUE ME SUSPENDIERAN!" y sin pensarlo dos veces presionó el botón de enviar. A esa publicación le respondieron, afirmando estar de acuerdo un like, dos likes …23 likes. Sean no había terminado. El continuó escribiendo: "EL FUEGO DENTRO DE MÍ ME ESTÁ QUEMANDO, Y QUIERO CORTARLA A ESA PUTA." Las publicaciones eran públicas. No podía recuperarlas. En el momento en que Sean presionó el botón de enviar cometió una felonía.

Yo era miembro del equipo de evaluación de amenazas escolares a nivel del condado. Yo respondía diariamente a 189 escuelas bajo mi jurisdicción. El equipo de evaluación de amenazas escolares y yo fuimos alertados por el director de la escuela quien me envió varias fotos de lo publicado en la pantalla. Fuí al apartamento de Sean y me senté con él y su mamá. Yo hice una evaluación completa de la amenaza para determinar si Sean representaba una amenaza para la escuela o para la maestra. Mi evaluación del incidente fue que Sean se sintió enojado con su maestra y en el momento en que publicó esos comentarios, no tenía intenciones de herirla. Sean, como muchos adolescentes, tiene problemas para controlar sus impulsos y no tiene sentido de responsabilidad cuando usa los medios sociales.

Yo escribí un informe criminal que con el transcurso del tiempo desapareció del récord de Sean después que él completó satisfactoriamente las clases y las citas de consejería en nuestro programa de derivación del comportamiento. Desafortunadamente, no se puede decir lo mismo acerca de su récord escolar. Su suspensión por un día se convirtió en una suspensión por cinco días, y finalmente fue expulsado. Me llamaron a la audiencia de suspensión de Sean para presentar los datos de mi investigación. Sean me miró con lágrimas en sus ojos y me dijo: "Lo siento mucho, lo siento mucho." Yo le respondí: "Yo también lo siento mucho, Sean." Era muy tarde para que yo pudiera ayudarlo. Si Sean solicita el ingreso a una Universidad, él tendrá que revelar que fue expulsado por amenazar a un miembro del personal escolar con posibilidades de grandes heridas corporales o muerte. No hay muchos Colegios que estén dispuestos a tomar ese tipo de responsabilidades.

La historia de Sean es solo una de muchas. Durante mi permanencia en el cargo de evaluador de amenazas, he entrevistado a más de cien estudiantes, y desafortunadamente, muchos de los casos terminan como la historia de Sean. Sean tenía dieciseis años, y los adolescentes cometen errores. Sean, como otros jovencitos que viven en la era del internet, están cometiendo errores en el soporte permanente de los medios sociales, y con frecuencia uno no puede recuperar esas opciones.

En la asamblea estudiantil, yo mantengo una conversación franca y abierta con los estudiantes sobre este problema. Cada estudiante que he entrevistado, por hacer comentarios amenazantes en línea, siempre dice lo mismo: "Yo no sabía que esto me podía pasar a mí." Estos jóvenes, cuyos cerebros aún están en proceso de desarrollo, no pueden controlar su ira impulsiva o tomar en consideración las consecuencias de sus acciones. En lo referente a las amenazas, las escuelas se están desplazando hacia una posición de tolerancia cero. Hay muy poco espacio para errores por parte del estudiante o la escuela.

La regla del aeropuerto

Comparta mi regla con su estudiante: La regla del aeropuerto. Todos los estudiantes conocen y respetan esta regla cuando están caminando por la seguridad del aeropuerto. Yo les pregunto a ellos: "¿Quiénes de ustedes han volado en avión?" Todos ellos levantan sus manos. Luego les pregunto: "¿Qué es la única cosa que no puedes decir cuando estás caminando a través de la seguridad del aeropuerto?" Inevitablemente, un estudiante grita: "Yo tengo una bomba."

"¿Qué pasa si dices esas palabras, aún si no lo haces con seriedad?" Otra vez, los estudiantes saben la respuesta correcta: "Te van a sacar de la línea, vas a perder el vuelo, te van a revisar todo tu equipaje, y serás interrogado durante varias horas."

La escuela es como el aeropuerto. Si dices armas, bombas, cuchillos, disparos, matanza, o cualquier otra palabra violenta mientras estés en la escuela, te sacarán del salón de clases, te revisaran tu mochila, serás interrogado por otros investigadores como yo, recibirás consecuencias disciplinarias de la escuela, y posiblemente te acusarán de un crimen.

La regla del aeropuerto no solo termina en la escuela. Tu mundo en línea es como el aeropuerto. Si publicas imágenes, comentarios, o envías mensajes directos a otra persona acerca de armas, bombas, cuchillos, disparos, matanza, o cualquier otra palabra de violencia, tú puedes terminar escuchando que un oficial encargado del cumplimiento de la ley esté tocando tu puerta tarde por la noche. Los medios sociales proporcionan poco o nada de contexto a nuestras palabras. Los chistes o las letras de canciones de violencia pueden algunas veces ser interpretadas como una amenaza. Una vez que una afirmación en línea ha causado disrupción en la escuela, el estudiante que hizo la afirmación puede ser sujeto a la disciplina de la escuela aún si el comentario haya sido creado fuera de la escuela.

Contrato para el uso del Internet y Dispositivos Móviles

En una encuesta reportada por el Consejo Nacional de Prevención del Crimen (*National Crime Prevention Council*), más del 80% de los adolescentes encuestados dijeron que no contaban con reglas fijadas por su padres para el uso del internet o sino habían encontrado formas para evadir esas reglas.[1] Cyber Safety Cop quiere que esas estadísticas expresen lo contrario. El factor número uno de seguridad en la vida de cualquier hijo, es tener un padre o madre con quien poder conversar y quien lo ayudará a desarrollar estrategias de superación. El Contrato para el uso del internet y dispositivos móviles es una herramienta para que los padres puedan empezar una conversación continua con su hijo acerca de los medios sociales y el internet. El contrato sirve para lo siguiente:

- Establecer los parámetros para determinar qué comportamiento es el apropiado y cuál no lo es.

- Establecer las expectativas sobre lo que su hijo debe hacer al enfrentar un contenido o comportamiento inapropiado.

- Definir claramente cuáles son las expectativas de privacidad para su hijo, estas empiezan en cero y se dejan a discreción del padre o madre

- Establecer consecuencias razonables y aplicarlas cuando el hijo no respete las reglas del contrato.

- Crear un ambiente seguro que animará a que el hijo confíe en sus padres.

¿Cómo puedo usar el contrato?

El Contrato de Cyber Safety Cop para el uso del internet y dispositivos móviles no es como otros contratos que usted puede encontrar en línea al hacer una búsqueda casual en *Google search*. Lo que es diferente acerca de este contrato es cómo lo utilice usted.

Siéntese con su hijo,y lea con él, cada línea del contrato. Al final de cada línea, continue haciendo una pregunta abierta, una que se responda con más detalle que un simple sí o no. A continuación les presento un ejemplo de cómo sería un punto de la conversación:

"Número uno, no daré mi nombre, dirección, número de teléfono, nombre de escuela, o nombres de mis padres, a ninguna persona que conozca a través de la computadora. ¿Por qué piensas que esta es una buena idea? ¿Has visto alguna vez alguien que lo haya hecho antes? ¿Qué podría suceder si le dices a un extraño en qué ciudad vives?"

Haga lo mismo con cada uno de los puntos del contrato. Cuando llegue al punto final, explíquele a su hijo cuáles serán las consecuencias si él no respeta las reglas del contrato. Sea razonable al disciplinar. Asegúrese que pueda aplicar las consecuencias con las que usted amenaza. No sea un padre que no cuenta con un plan y que en un momento de consternación dice: "¡Te dejaré sin teléfono para siempre!" Bien, en algún momento ese padre tendrá que ceder y devolver el teléfono. No es bueno sentar ese precedente.

Finalmente, usted quiere que su hijo venga a usted cada vez que vea o haga algo inapropiado en línea. Solo 1 de 10 niños le contará a sus padres sobre algo inapropiado que vio en línea. Si él piensa que le quitarán su teléfono o el acceso al internet si le cuenta a usted, él podría esconder lo que sucedió y desear que nunca se entere. Para animar a su hijo que se acerque a usted y le hable, usted deberá incluir en el contrato una cláusula de gracia o de perdón.

La conversación con su hijo podría ser como la siguiente:

"Te estoy dando un dispositivo móvil y el acceso a medios sociales porque confío en tí. Sé también que cometerás errores o verás algo inapropiado que sabes que sería un problema para mi. Este es el siguiente trato: Si tú vienes a mí de inmediato y me cuentas lo que sucedió, yo te ayudaré. No te castigaré. Si tú te olvidas de contármelo o tratas de esconder lo que pasó, entonces, yo te castigaré."

Use este Contracto como un medio para empezar una conversación continua con su hijo acerca de cómo sentirse seguro en línea.

Descargue una copia del contrato en www.cybersafetycop.com/resources

Notas

1. National Crime Prevention Council, "Stop Bullying Before it Starts," http://www.ncpc.org/resources/ files/pdf/bullying/cyberbullying.pdf

Contrato para el Uso del Internet y Dispositivos Móviles

Yo entiendo que utilizar el internet o mi dispositivo móvil es un privilegio que está sujeto a las siguientes reglas:

1. No daré mi nombre, dirección, número de teléfono, nombre de escuela, o nombres de mis padres a ninguna persona que conozca a través de la computadora.

2. Debo decirle a mi mamá y/o papá cuáles son mis nombres de usuario y mis contraseñas relacionados a todas las redes sociales de contacto. Ellos tienen acceso, en todo momento, a todos mis archivos y aplicaciones (todo lo que está en mi dispositivo).

3. No descargaré nada ni instalaré aplicaciones o juegos sin antes preguntarles primero a mi(s) padre(s).

4. Yo entiendo que algunas personas en el internet pretenden ser o se hacen pasar por otra persona. No dejaré ingresar a nadie en mi red social sin antes haber tenido una relación cara a cara o en persona.

5. No llenaré ningún formulario en el internet en donde me pidan cualquier información sobre mí o mi familia sin antes preguntar primero a mi(s) padre(s).

6. No compraré ni ordenaré nada vía internet ni daré información alguna sobre la tarjeta de crédito sin antes preguntar primero a mi(s) padre(s).

7. Yo nunca escribiré o expondré en el internet cualquier cosa que no desearía que mis padres vieran. No haré uso de expresiones profanas ni usaré un lenguaje ofensivo.

8. Yo promoveré _____ (una causa o caridad) que ayudará a otras personas en mi red social, como una condición para tener una red social.

9. Si alguien me envía fotografías o cualquier correo electrónico utilizando un lenguaje inapropiado, descortés, rudo, o palabras amenazantes, yo no responderé y le(s) diré a mi(s) padre(s).

10. Si alguien me pide hacer algo que se supone no debo de hacer, no responderé y le(s) contaré a mi(s) padre(s).

11. No llamaré a nadie que haya conocido en el internet o en persona, sin que antes mi(s) padre(s) me de(n) la aprobación.

12. No me encontraré en persona con nadie que haya conocido en el internet, sin que antes mi(s) padre(s) me de(n) la aprobación.

13. Si recibo alguna fotografía inapropiada de alguien, no responderé ni la mostraré a mis amistades. Yo inmediatamente le(s) diré a mi(s) padres(s).

14. Si cualquiera que yo conozca en el internet me envía algo en el correo electrónico o por correo postal, yo le(s) diré a mi(s) padre(s). Yo no guardaré secretos del internet frente a mi(s) padre(s).

15. Si cometo algún error o veo algo inapropiado, yo le(s) contaré a mi(s) padre(s) lo antes posible.

16. Yo respetaré las reglas de la casa para el uso de la tecnología y el tiempo frente a la pantalla de la computadora. Si no respeto las reglas de este acuerdo, mencionadas arriba, yo aceptaré las consecuencias que mi(s) padre(s) me impongan, que podrían incluir (mas no limitarse a) perder el acceso al internet, mi teléfono celular, o cualquier otro dispositivo electrónico.

_____   _____
Firma del hijo(a)   Fecha   Firma del padre/tutor   Fecha
Después de firmar, ponga el documento en un lugar visible cerca de la computadora

Cree Responsabilidad

Si usted ha implementado las recomendaciones del libro, usted ya ha creado limitaciones con controles parentales y filtros de contenido, y también ha establecido las reglas y expectativas del contrato para uso del dispositivo móvil. Ahora viene la parte más difícil: Crear responsabilidad. La responsabilidad es la base de la disciplina. Sin ella, estamos exponiendo a nuestros hijos al fracaso.

Paso #1: A usted le pertenece el teléfono celular de su hijo

Un día, Shellie, una amiga vecina y madre de dos adolescentes, me preguntó cómo podía ella abrir el teléfono de su hijo. Yo pensé que ella no sabía cómo operar el teléfono iPhone de su hijo, así que saqué mi teléfono para usarlo como ejemplo y empecé a mostrarle en dónde estaba el botón para encenderlo. Ella me detuvo en medio de la demostración y me dijo, "No, yo sé cómo encenderlo. Yo no sé su contraseña". Sorprendido y sin estar seguro inicialmente cómo responderle, yo le dije, "Bueno, pídale que le dé su contraseña, y después usted active su teléfono". Ella me dijo que trató, pero que él no quería darle la contraseña. Finalmente yo entendí su situación. Yo le respondí, "Bueno, eso es fácil. Quítele el teléfono, y en una hora o dos, usted lo encontrará acurrucado en posición fetal en la esquina de su habitación. Yo le apuesto que entonces él se la dará a usted". Shellie había renunciado a su derecho y autoridad sobre el teléfono de su hijo, al dejarle creer que su teléfono le pertenecía a él, y que él tenía una expectativa de privacidad. Cuando le dije a Shellie que a ella le pertenecía el teléfono de su hijo y que tenía todo el derecho legal y moral de invadir su privacidad, se le abrieron sus ojos, "¿De verdad?" preguntó ella. Yo le dije, "Sí, es suyo". Si usted ha leído los capítulos sobre pornografía, tráfico de humanos y acoso cibernético, no necesito convencerla de esta verdad: Hay demasiado en riesgo como para que no nos involucremos en el mundo digital de nuestros hijos. A menudo hay padres que me preguntan, ¿qué es lo que les digo a mis hijos cuando tratan de hacerme sentir culpable por no confiar en ellos? Yo he tenido exactamente la misma conversación con mi hijo adolescente. No solamente me dio la oportunidad de hablar con él acerca de su seguridad en línea, nuestra conversación se convirtió en una lección de integridad. Esto es lo que yo le dije:

"En esta casa, no tenemos vidas secretas. Tu mamá, en cualquier momento puede levantar mi teléfono y ver todo lo que estoy haciendo. Yo puedo hacer lo mismo con su teléfono. Ella sabe que cuando no estoy en casa, yo la estoy honrando a ella y a la familia entera con mis acciones. Porque yo no tengo secretos, no tengo nada que temer o esconder. Los secretos son lo que nos lastiman y causan problemas. Si tú te sientes avergonzado por algo que está pasando en tu teléfono, y quieres mantenerlo en secreto, entonces hay un verdadero problema en tu vida que no sabes cómo abordarlo. Te quiero demasiado como para no saber lo que está pasando en tu vida."

Paso #2: Ingrese a la cuenta de su hijo

Conozca todos los nombres de usuario de su hijo y las contraseñas en todos sus dispositivos móviles y cuentas. Si usted le permite a su hijo tener una cuenta en los medios sociales, como en Instagram, usted debe tener la aplicación de Instagram en su teléfono, e ingresar en la cuenta como si fuera su hijo. Yo tengo dos hijos adolescentes y ambos tienen cuentas de Instagram. Yo he añadido sus cuentas en la aplicación de Instagram en mi teléfono. Cuando ellos reciban una solicitud para seguir a alguien, o cuando uno de sus seguidores hace un comentario sobre sus fotos, yo también recibo la notificación. Como he iniciado la sesión como titular de la cuenta, puedo ver sus cuentas y todo lo que está pasando, incluyendo los mensajes directos.

Paso #3: Revise y supervise físicamente

Su hijo está sentado en el sofá pegado a su teléfono, tocando la pantalla con sus dedos, riéndose de la graciosidad de su publicación, y completamente ignorante de lo que está pasando a su alrededor. ¿Esto le suena familiar? Yo animo al padre que se encuentra en esta situación, que camine hasta donde está su desprevenido adolescente, concentrado en su texto, y le quite de sus pequeñas y calientes manos SU teléfono cuando él esté a la mitad de su texto (recuerde que a él no le pertenece nada en su casa). La reacción de su hijo cuando usted le quite SU teléfono será muy instructiva. Si él resguarda el teléfono en su pecho, se sienta en él, o corre a la calle con él – usted tiene un verdadero problema. Solo debe haber una reacción aceptable, que él le entregue calmadamente el teléfono. Cuando usted tiene SU teléfono en su mano, parado en frente de su desconcertado hijo, tómese uno o dos minutos y revise sus mensajes de texto o sus publicaciones de Instagram. Esta es una supervisión al azar. Es posible que encuentre algunas cosas que le preocupen, pero más que nada, usted está haciendo esto para causar un efecto específico. Usted está haciendo la declaración: Este es mi teléfono, estoy monitorizando lo que está pasando y yo te quiero mucho.

Paso # 4: Instale una aplicación para notificar al padre

El supervisar la actividad de su hijo en línea puede parecerle como si se tratara de un trabajo de tiempo completo. No es fácil. Yo le recomiendo que instale una aplicación (App) para notificar al padre en el dispositivo móvil de su hijo. Hay muchas de donde escoger y varían en costo y funciones. A continuación usted encontrará algunas de las funciones que posiblemente desee buscar, cuando seleccione la aplicación correcta para usted:

- Que proporcione una navegación segura por internet

- Que reduzca o no permita escribir textos al conducir

- Que rastree y localice los dispositivos móviles de sus hijos

- Que controle los límites de tiempo que sus hijos pasen frente a la pantalla

- Que le permita ver todas las aplicaciones en los dispositivos móviles de su hijo

- Que ayude a supervisar los textos y actividad de navegación

- Que bloquee las compras a través de las aplicaciones

- Que bloquee el sitio YouTube y otros contenidos con restricciones de edad

Paso #5: Cargue los dispositivos móviles, por la noche, en la habitación de los padres

En el capítulo "Cree un balance en la vida de su hijo", expliqué por qué el tener un teléfono o dispositivo móvil, por la noche, en la habitación de un niño es dañino. Cuando usted recoge el dispositivo móvil de su hijo y se lo lleva a su habitación durante la noche, tómese un par de minutos para revisar su actividad en línea. Esta es una búsqueda más profunda que el chequeo rápido y al azar que hicimos en el paso # 3. Busque en las cuentas de sus medios sociales, correos y mensajes electrónicos, aplicaciones (Apps) instaladas e historial de navegación.

Paso # 5: Encontré un problema, ¿y ahora qué?

Yo recibo mensajes de correos electrónicos y mensajes de Facebook de parte de padres que viven en diferentes partes de los Estados Unidos, después que han encontrado algún tipo de actividad preocupante en el teléfono de su hijo. A continuación le muestro un mensaje que recibí de Mary, una madre que asistió a mi seminario para padres en la escuela de su hija.

"Hola, mi nombre es Mary y recientemente descubrí que mi hija de 14 años de edad, ha estado enviando mensajes de texto con contenido sexual (*sexting*) a un estudiante de 9.º grado en su escuela. Esto pasó en diciembre. Le quité el teléfono pero ella todavía tiene una tableta Chromebook que la escuela requiere que la tenga, y tiene acceso a las salas de charlas (*chat rooms*). Recientemente ingresé a mi teléfono, el cual está enlazado con sus cuentas, y así puedo ver sus mensajes. El mes pasado descubrí que ella le estaba enviando mensajes de texto con contenido sexual a un hombre mayor. En diciembre, cuando por primera vez descubrí el teléfono, fui a la escuela. Me dijeron que era un área gris y que no podían ayudarme, y me refirieron al oficial de la policía en el plantel escolar. Estoy desesperada, enojada, molesta y devastada. No sé a quién acudir. Espero que usted pueda guiarme en la dirección correcta".

La historia de Mary no es única. Ella comparte los mismos sentimientos de enojo, tristeza y desesperación que cualquier padre que me ha contactado, siente cuando ellos encuentran algo alarmante en el teléfono de su hijo. Si usted se encuentra en una situación similar, no se asuste. Los niños cometen errores, pero estos no tienen que definirlos. Cada situación es diferente. Desafortunadamente, no hay, figurativamente, un árbol de decisiones simples que podamos seguir para resolver cada situación imaginable. A continuación encontrará algunas sugerencias que pueden ayudarle a guiarlo en la dirección correcta:

- En casos de acoso o intimidación (*bullying*) u otro comportamiento inapropiado que involucre a otro estudiante, trate de contactar primero al otro padre de familia. Si eso es imposible o ineficaz, consulte con el administrador de su escuela.

- Para mensajes de textos con contenido sexual, uso de drogas, autolesiones y otros tipos de comportamientos de alto riesgo, comuníquese con el oficial de policía de su escuela y el consejero escolar para solicitar ayuda.

- Todas las amenazas de violencia deben ser referidas inmediatamente a su departamento de policía local.

Protéjase del Robo de Identidad y la Piratería Cibernética

Cuando le damos a nuestros hijos una cuenta de correo electrónico, de medios sociales y acceso al internet, ellos se vuelven vulnerables al fraude en línea y al robo de identidad. Los niños y los ancianos son un segmento de víctimas de fraude en línea que está en rápido aumento.

Si usted es como la mayoría de la gente, cuando piensa en "ataques cibernéticos", usted se imagina piratas cibernéticos que usan líneas y líneas de códigos para lanzar ataques super sofisticados en contra de corporaciones y gobiernos internacionales.

La verdad es que una de las formas más comunes de crimen cibernético es en realidad algo relativamente sencillo. La mayoría de las cuentas, ya sea de bancos y de medios sociales, son pirateadas cibernéticamente porque el usuario involuntariamente le dio al pirata cibernético toda la información que necesitaba: su nombre de usuario y contraseña. El método más común de hacer esto es a través de la suplantación de identidad (*phishing*, que se pronuncia: "*fishing*") o fraude.

La víctima recibe un correo electrónico no solicitado que pareciera provenir de una fuente legítima (un banco, Facebook, etc). El mensaje de correo electrónico puede decir lo siguiente: "Hemos encontrado una posible actividad fraudulenta en su cuenta de banco. Ingrese a su cuenta para verificar sus compras". La víctima asustada hará clic en el enlace o botón proporcionado en el mensaje de correo electrónico. Luego la llevan al sitio web que también luce legítimo. Ellos ingresan su nombre de usuario y contraseña y presionan el botón para "entrar" (*enter*). La víctima acaba de ingresar su información para entrar a la cuenta en un sitio fantasma, y su nombre de usuario y contraseña han sido enviados al pirata cibernético, quien ahora está rápidamente ingresando a la cuenta de la víctima y tomando su dinero.

¿Cómo podemos detectar si este correo electrónico es legítimo o no? Revise cuidadosamente el mensaje de correo electrónico de PayPal y entonces exploraremos para detectar las señales sospechosas de un fraude de suplantación de identidad (*a phishing scam*).

¿Cómo detectar si usted es una víctima de fraude por suplantación de identidad?:

1. Siempre trate de leer con desconfianza los mensajes de correos electrónicos no solicitados que le piden su información personal. Es inusual que un sitio web bancario o de las redes sociales le envíe a usted un mensaje fraudulento. Usualmente, los bancos se pondrán en contacto con usted por teléfono. Independientemente, cierre el mensaje electrónico y vaya directamente al sitio web en su navegador, o llámelos por teléfono al número que está impreso en su estado de cuenta bancario.

2. Nunca haga clic en cualquier enlace o archivo adjunto al mensaje de correo electrónico. Es esencial que usted NUNCA haga clic a través de un sitio web o abra un archivo que esté adjunto a un correo desconocido o no solicitado. El hacer clic en un enlace puede llevarlo a un sitio web fraudulento, y al abrir un archivo adjunto podría iniciar una aplicación en su computadora que le infectará su sistema con un virus o software dañino (*malware*). Uno de los softwares particularmente dañinos que anda circulando es el llamado: "*ransome-ware*" (cuando le piden un rescate por medio de un programa de software). Este es un programa que bloquea los contenidos de su computadora y solamente puede ser desbloqueado si usted le paga dinero a la persona que lo hizo. Estas personas viven en Rusia o en China, haciendo imposible su persecución.

3. Verifique el destino de los enlaces. Si usted desplaza su cursor o indicador sobre el enlace en el correo electrónico (no haga clic en él), usted verá que la dirección de destino del sitio web NO es la de su banco o de Facebook.

4. Léalo cuidadosamente. Muchos de estos estafadores son de países extranjeros. El idioma inglés no es su primer idioma. Usted observará palabras comúnmente mal deletreadas o con errores gramaticos obvios.

Probablemente ahora usted se estará preguntando a sí mismo, ¿qué hago si recibo uno de estos mensajes de correos electrónicos? ¿Debo llamar a mi departamento de policía local?

Si usted es una víctima de un delito por internet, repórtelo al: Centro de Quejas de Delitos por Internet (www.ic3.gov). IC3 es una asociación entre el Buró de Investigación Federal (*Federal Bureau of Investigation - FBI*) y el Centro Nacional de Delitos de Cuello Blanco (*NW3C*).

Padres, compartan esta información con sus hijos si ellos tienen un correo electrónico o cuentas en las redes sociales. Sus hijos son presa fácil para estas estafas de suplantación de identidad. Sus cuentas de Instagram pueden ser usurpadas por un pirata cibernético, pueden pedir rescate por ellas o pueden ser usadas para otro nefasto propósito.

Aplicaciones (Apps) y Juegos Populares

Snapchat (para adolescentes de 13 años o más) Esta aplicación (App) es extremadamente popular, ya que le permite al usuario enviar una foto, texto o video a otro usuario de Snapchat. Lo que hace que esta aplicación sea especial, es que el emisor puede asignar al mensaje un período de duración de hasta 10 segundos. **El problema:** Esta aplicación le da al remitente la impresión de que él puede enviar una foto, texto o video "instantáneo", sin que tenga que preocuparse de cualquier posible consecuencia por enviar una imagen o video inapropiado. Snapchat es la aplicación número uno para enviar mensajes de texto con contenido sexual. Las imágenes pueden ser capturadas en una foto de la pantalla o al tomar una foto con un segundo dispositivo móvil. Además, los adolescentes pueden usar esta aplicación para esconder conversaciones de sus padres. Esta no es una aplicación segura para niños.

Kik Messenger (para adolescentes de 17 años o más). Esta aplicación de mensajería instantánea es tremendamente popular entre los adolescentes, porque es una aplicación con una multiplataforma gratis (esta puede ser instalada en casi cualquier dispositivo móvil, por ejemplo: iPhone, iPod Touch, iPad, Android, o teléfono de Windows). Su hijo no necesita un servicio de teléfono celular para usarlo. Solo necesita tener acceso al WiFi. Cuando los adolescentes envían mensajes a sus amigos, ellos le llaman "*kik'ing*" a un amigo. **El Problema:** Un usuario de Kik puede crear un nombre de cuenta que no esté asociado a un número de teléfono, haciendo que sea difícil autenticar la identidad del usuario. Esta aplicación también incluye aplicaciones y contenido para adultos. Entre otras aplicaciones similares se encuentran: TextNow o WhatsApp. Estas no son aplicaciones seguras para niños.

Tinder (para adolescentes de 17 años o más). El propósito principal de esta aplicación es el de facilitar el conocer y salir o tener relaciones íntimas con alguien. 450 millones de perfiles personales son clasificados todos los días. Tinder utiliza el rastreo de la ubicación por medio del Sistema de Ubicación Global (GPS, por sus siglas en inglés), para encontrar personas (extraños) cercanos a usted. Hoy en día, los adolescentes desde los 13 hasta los 17 años de edad, representan más del 7% de los usuarios de Tinder. **El problema:** Tinder le facilita a su hijo conocer a una persona completamente extraña, posiblemente un adulto, que vive a corta distancia. También se enlaza con las aplicaciones de Instagram y Facebook. Aplicaciones similares son: Blender y Grinder. Estas aplicaciones no son seguras para niños.

Whisper (para adolescentes de 17 años o más). Esta aplicación le permite al usuario cubrir una imagen con texto para expresar sus sentimientos anónimamente. Sin embargo da a conocer el área en donde usted está publicando y también permite al usuario buscar a otras personas que publican y que viven a corta distancia de donde usted vive. **El problema:** La naturaleza anónima de esta aplicación la hace propicia para el acoso cibernético. Un usuario puede publicar la foto de un compañero(a) de clase y cubrir el texto despectivo anónimamente, una táctica común que usan los acosadores o intimidadores cibernéticos. El uso del Sistema de Ubicación Global - GPS para comunicarse con extraños cercanos es muy problemático. Entre otras aplicaciones similares se encuentran: Secret. Esta aplicación no es segura para niños.

Yellow (13+) (para adolescentes de 13 años o más) es una App que se describe a sí misma como "un nuevo medio social para hacer nuevos amigos y pasar tiempo con ellos por medio de charlas (*chats*) y videos en vivo". Yellow hace mucho más que eso, este es el Tinder para los adolescentes: una App que permite que los adolescentes conozcan a extraños e indica si ellos están interesados en reunirse con ellos en persona. Esta aplicación no es segura para niños.

Ask.fm (para adolescentes de 13 años o más) Esta App les permite a los usuarios hacer preguntas a otros usuarios o contestarlas anónimamente. **El problema:** Hay muchos casos de acoso cibernético documentados en Ask.fm que han provocado el suicidio. Esta App no es segura para niños.

Yik Yak (para adolescentes de 17 años o más) Yik Kak es una App que permite que los usuarios publiquen solamente textos (por lo menos hasta este momento) los mensajes, conocidos como "Yaks", que tienen hasta 200 signos o caracteres. Los mensajes son vistos por 500 de los Yakkers más cercanos a la persona que escribió el Yak. Los usuarios de Yik Yak están agrupados por los servicios de ubicación del GPS de sus dispositivos móviles. **El Problema:** Los usuarios de Yik Yak son esencialmente anónimos. Yik Yak ha sido utilizado para acosar y amenazar a estudiantes. Esta App no es segura para niños.

Omegle (para adolescentes de 13 años o más) Omegle es un sitio web para charlas gratuitas en línea que permite que los usuarios se comuniquen con extraños sin necesidad de registrarse. El servicio empareja a los usuarios al azar, en sesiones de charlas privadas entre dos personas (*one-on-one chat sessions*), en donde ellos charlan anónimamente usando las palabras manipuladoras de "*you*" (tú) y "*stranger*" (extraño). **El problema:** Omegle tiene una charla con video en la cual no se monitoriza el contenido sexual. Se sabe que la naturaleza anónima de esta App atrae la atención de pedófilos (personas adultas que se sienten atraídas sexualmente hacia los niños o adolescentes) que desean exponerse a sí mismos ante los niños o interactuar con un menor de edad que ellos ya han influenciado. Esta App no es segura para niños.

Fake Calculator (Sin edad específica) Fake Calculator es una aplicación que se disfraza ("*vault*"). Las "*Vault apps*" parece que trabajan como lo publican (un juego o una App de servicio al público), pero en realidad se usan para esconder fotos, registros y otras Apps dentro de ellas, por eso se llaman "vault" App. Otras Apps similares: Vault-Hide, NQ Vault, App Lock, Vaulty, Hide it Pro, y Personal. Esta App no es segura para niños.

 Twitter (para adolescentes de 13 años o más) Esta App es una red de transmisión social, que permite que la gente y organizaciones compartan públicamente mensajes breves (140 símbolos por publicación), instantáneamente alrededor del mundo. A cada publicación se le refiere como un "tweet." **El problema:** Los usuarios pueden ser acosados por medio de las respuestas, un tweet embarazoso puede ser compartido y difundido viralmente con rapidez, no se filtra el contenido para los adultos y los niños en Twitter pueden ser contactados por adultos. Este sitio debe ser usado con precaución.

 Facebook (para adolescentes de 13 años o más) Facebook es la red social más popular del mundo. Los usuarios comparten publicaciones, videos y fotos. Facebook ofrece Apps, juegos, textos y charlas en video. **El problema:** Sin supervisión y sin la configuración de privacidad apropiados, los niños son víctimas potenciales de acoso o intimidación y víctimas sexuales de adultos. Este sitio debe usarse con precaución.

 Antichat (para adolescentes de 13 años o más) Antichat es una plataforma en salas de charlas anónimas. **El problema:** La anonimidad de Antichat anima a tomar riesgos y comportamientos libres de responsabilidad, que a menudo sacan a relucir lo peor de la gente. Con una búsqueda breve en las salas de charlas públicas, se encuentran temas de discusiones muy de adultos y comportamiento sexual predatorio. Esta plataforma no es segura para niños.

 YouTube (para adolescentes de 13 años o más) YouTube es el sitio web más grande del mundo para compartir videos. Los usuarios pueden cargar sus propios videos. **El problema:** La gente puede hacer comentarios acerca de los videos de otras personas, los cuales pueden resultar en casos de acoso cibernético. Las configuraciones de privacidad son confusas y sin la ayuda de filtros de contenido apropiados, los niños pueden estar expuestos a contenidos inapropiados. Este sitio web debe usarse con precaución.

 Skype (para adolescentes de 13 años o más) Esta App es una de las plataformas de comunicaciones múltiples y para charlar por video, más populares del mundo. Principalmente se usa como una plataforma para charlar por video. **El problema:** Sin la supervisión cercana de un adulto, los niños pueden tener charlas por video con extraños que ellos conocieron en otros sitios. Esta App debe usarse con precaución.

Tumblr (para adolescentes de 17 años o más) Esta App es una mezcla entre un blog y Twitter. **El problema:** La primera cuenta de un usuario es pública, y está abierta para cualquiera que desee leerla. El contenido para adultos no puede filtrarse. Esta App no es segura para niños.

 Instagram (para adolescentes de 13 años o más) Instagram es la red social más popular para compartir imágenes de los adolescentes. **El problema:** Los niños pueden tener seguidores adultos. El acoso cibernético a través de la suplantación es relativamente fácil de hacer por medio de esta red. Esta red debe usarse con precaución.

 Multi-Player Online Games (varía; verificar la clasificación) Los nuevos juegos en-línea para varios jugadores están siendo puestos a la venta diariamente para usarlos en computadoras personales y en dispositivos móviles. Estos juegos le permiten al jugador interactuar con otros jugadores en un mundo virtual. **El problema:** Pueden ser muy costosos si se compran en las Apps. También son muy adictivos. Los niños suelen jugar con extraños, posiblemente adultos. Otros juegos similares: Clash of Clans, World of Warcraft y Wizard 101. Estos juegos deben usarse con precaución.

 Minecraft (Sin límite de edad) Minecraft es un juego de construcción tremendamente popular a nivel mundial que permite jugar en línea con extraños o juegos privados en grupo. **El problema:** Las charlas durante el juego pueden implicar el uso de malas palabras y comportamiento intimidante o acosador. Este juego debe usarse con precaución.

 Periscope (para adolescentes de 17 años o más) Periscope es una App para transmisión de video en vivo, que se enlaza a la cuenta de Twitter del usuario. **El problema:** En Periscope se puede encontrar fácilmente un contenido para adultos. Los niños que usan Periscope pueden ser vistos por extraños y adultos que pueden charlar por medio de textos en vivo con ellos mientras están en cámara. Otras Apps similares: Meerkat. Esta App no es segura para niños.

 WhatsApp (para adolescentes de 13 años o más) WhatsApp es una App de mensajería instantánea, similar a Kik Messenger. **El problema:** Los usuarios pueden permanecer virtualmente anónimos. Es difícil rastrear al remitente o emisor en casos de acoso cibernético y amenazas. Esta App no es segura para niños.

 House Party (para niños de 4 años o más) Houseparty es una App para charlas de video en grupo disponible tanto en dispositivos móviles tanto de la marca Apple como Android. **El problema:** A menos que uno de los padres esté sentado a la par del hombro de su hijo, él no sabrá lo que está pasando o lo que se dice en la charla de video. La charla de video no es grabada y no puede ser revisada más tarde por el padre, lo cual hace muy difícil que los niños asuman su responsabilidad cuando usan esta App. Esta App debe usarse con precaución.

Facebook Messenger (para adolescentes de 13 años o más) Esta App de mensajería instantánea está enlazada con la cuenta de Facebook del usuario. **El problema:** Los mensajes que no son supervisados pueden ser usados para acosar o intimidar y se pueden compartir imágenes inapropiadas. Esta App no es segura para niños.

 Pinterest (para adolescentes de 13 años o más) Pinterest es una red social para crear tableros de boletines informativos digitales y 'colocar' (pin) imágenes con enlaces a cosas interesantes que usted encuentra en la red para compartir con "amigos" y "seguidores". **El problema:** Pinterest puede enlazarse con Facebook y Twitter, causando problemas de privacidad. Esta red social debe usarse con precaución.

 YouNow (para niños de 12 años o más) YouNow es una plataforma de difusión en vivo. Los usuarios pueden hacer un video en vivo o ver los canales que otros han producido. **El problema:** YouNow tiene reglamentos en contra del nudismo y contenido sexual, pero un video en vivo no puede ser evaluado o clasificado previamente, así que no hay una manera real de saber lo que su adolescente verá después. Esta plataforma no es segura para niños.

Antes de permitirle a su hijo que descargue o instale un juego, verifique cuidadosamente su clasificación según la edad, nivel de privacidad y revisiones o comentarios de padres. Usted puede encontrar revisiones para muchas de las aplicaciones de los medios sociales en la página blog de www.cybersafetycop.com. Yo también le recomiendo que use los sitios web enfocados en presentar revisiones o comentarios hechos por padres, como Common Sense Media www.commonsensemedia.org.

Comisión de Clasificación de Software para Entretenimiento

Las clasificaciones de la Comisión de Clasificación de Software para Entretenimiento (*Entertainment Software Rating Board -ESRB*) proporcionan orientación acerca de los juegos de video y Apps, en su sitio web en: www.esrb.org/ratings/.

 EVERYONE (apto para toda audiencia)

El contenido es generalmente apropiado para todas las edades. Podría tener un mínimo contenido de caricaturas, fantasía y/o violencia moderada y/o uso infrecuente de lenguaje moderado.

 EVERYONE 10+ (apto para audiencia de 10 años o más)

El contenido es generalmente apropiado para niños de 10 años de edad o más. Podría tener un mayor contenido de caricaturas, fantasía o violencia y lenguaje moderado y/o un contenido mínimo de temas sugestivos.

TEEN (apto para adolescentes)

El contenido es generalmente apropiado para niños de 13 años de edad o más. Podría tener contenido violento, temas sugestivos, humor crudo, escenas mínimas de sangrado, simulación de juegos de azar y/o uso infrecuente de lenguaje fuerte.

MATURE (edad madura)

El contenido es generalmente apropiado para adolescentes de 17 años de edad o más. Podría tener un contenido de intensa violencia, sangre y vísceras, contenido sexual y/o lenguaje fuerte.

ADULTS ONLY (Solo para adultos)

El contenido es apropiado para adultos de 18 años de edad y más. Podría incluir escenas prolongadas de violencia intensa, contenido sexual gráfico y/o juegos de azar con dinero real.

RATING PENDING (Clasificación pendiente)

No se le ha asignado todavía una clasificación final por parte de la Comisión de Clasificación de Software para Entretenimiento (ESRB). Aparece solo en anuncios publicitarios, materiales de mercadeo y promocionales. Debe ser reemplazado por una clasificación del juego, una vez que este haya sido asignado.

Controles Parentales para Xbox 360

La consola del Xbox 360, le permite a usted personalizar y administrar el acceso de su familia a los juegos, películas y contenido televisivo. Los controles parentales del Xbox 360 pueden usarse para controlar tanto la consola en sí como el acceso al contenido del Xbox en vivo.

1. En su consola, vaya a **Settings** (configuraciones) y seleccione **Family** (familia).

2. Seleccione **Content Controls** (controles del contenido).

3. Cambie las settings (configuraciones) a **On** (encender). Si usted ha establecido antes un **passcode** (código de contraseña) en esta consola, usted necesitará ingresarlo ahora. Si usted no ha establecido un passcode, se le pedirá que establezca uno ahora.

   La consola le proporcionará a usted configuraciones de contenido preseleccionadas. Usted puede hacer cambios a estas configuraciones, en las opciones del menú que se presenta abajo.

4. Le recomiendo enfáticamente que establezca el **Family Timer** (cronómetro familiar) para ayudarle a que se respete el tiempo límite fijado para ver la pantalla.

   Seleccione **Daily or Weekly Timer** si usted desea establecer un cronómetro diario o semanal.

   Muévase hacia abajo hasta encontrar el período de tiempo y use el palillo de la izquierda para incrementar o reducir el período de tiempo, entonces seleccione **Continue** (continuar).

   Seleccione **Save** (guardar) y **Exit** (para salir).

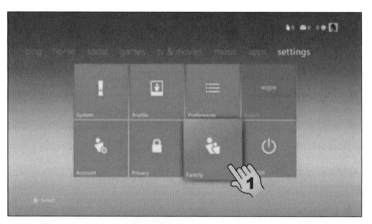

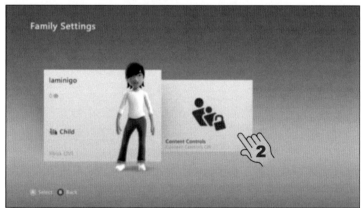

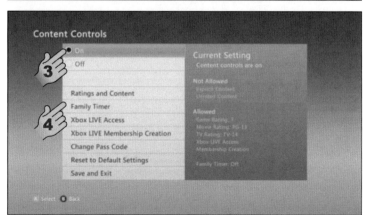

Controles Parentales para Xbox 360 (continuación)

5. Haga clic en la cuenta de su hijo.

6. Haga clic en el panel de la derecha, en **Privacy & Online Settings** (privacidad y configuraciones en línea). Seleccione **Change Settings** (cambiar las configuraciones).

7. Seleccione una opción preestablecida para la edad apropiada de su hijo, **Teen** (adolescente), **Child** (niño), o **Customize** (personalizar).

   La configuración para **Child** (niño) será la configuración más estricta de seguridad y privacidad, bloqueando y filtrando todo con la excepción de los juegos en línea bajo el **Activity Menu** (menú de actividades). Este es un buen inicio.

   La configuración para **Teen** (adolescente) permite jugar el juego en línea y navegar en la red.

8. Si usted elige **Customize** (personalizar), usted puede hacer cambios discretos a las configuraciones de privacidad y en línea.

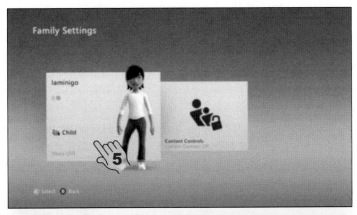

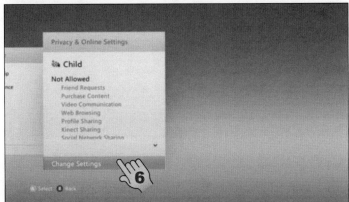

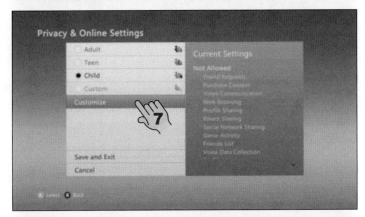

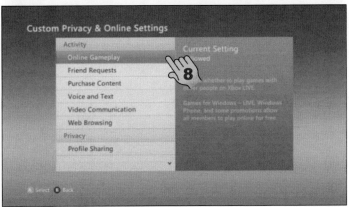

Controles Parentales para Xbox One

Cuando administre la cuenta de su hijo, tanto la privacidad como la seguridad en línea constituyen lo que se llama "Parental Controls" (controles parentales). Estas configuraciones deben ser aplicadas a la cuenta de Microsoft de cada uno de sus hijos, permitiéndole a los padres personalizar la experiencia de Xbox One para cada uno de sus hijos. Para empezar a administrar las configuraciones de privacidad y seguridad de uno de sus hijos, siga los siguientes pasos:

1. Inicie una sesión en su consola. En su controlador, presione el botón de **Menu** (menú). Seleccione **Settings** (configuraciones). Mueva el cursor hacia la derecha en **Family** (familia), luego seleccione **profile** (descripción) del niño que usted desea modificar.

2. Después de que usted seleccione la descripción de su hijo, se le mostrarán las configuraciones de privacidad actuales y las restricciones de contenido para ese niño. Seleccione cualquier configuración predeterminada de privacidad para ver su definición. Usted puede mantener la configuración predeterminada tal como está, o puede personalizarla.

3. Para personalizar una configuración, seleccione **Use, but customize** (usar, pero personalizar).

   Se le presentarán varias opciones de personalización para cada configuración. Elija las opciones que sean más convenientes para las necesidades de seguridad y privacidad en línea de su familia.

   Para ver y personalizar las configuraciones de restricción del contenido de su hijo, presione la **B** en su controlador para regresar a la pantalla anterior.

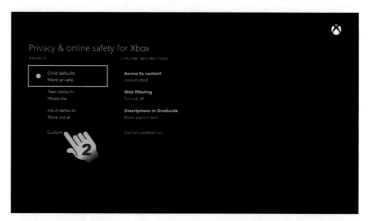

Controles parentales para Xbox One (continuación)

4. Seleccione una configuración para averiguar más acerca de esta.

5. Seleccione el **Access to content** (acceso al contenido) y las Apps para abrir un menú que le mostrará los detalles de las actuales restricciones de contenido de su hijo.

   Seleccione el nivel de restricción que sea apropiado para su hijo. (Niño o adolescente)

   De forma predeterminada, el nivel de restricción que usted estableció para su hijo es aplicado a las búsquedas, a la tienda y a las Apps.

6. (Opcional) Para remover esta restricción, quite la marca en la casilla junto a **Hide listing** en **search** (búsqueda), **stores** (tiendas), y **Apps** (aplicaciones).

   La restricción será removida de búsqueda, tiendas y Apps, pero aún será aplicada al contenido actual. Cuando usted haya terminado, presione la **B** en su controller (controlador) para regresar a la pantalla anterior.

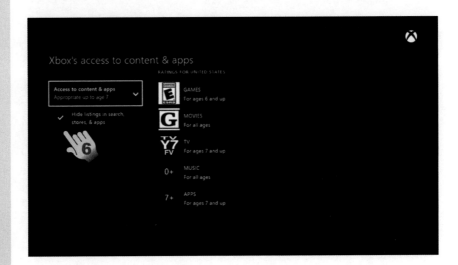

Vea y personalice las configuraciones de filtración web para su hijo

La filtración web le permite seleccionar la clase de sitios web que su hijo puede visitar usando Internet Explorer. Para establecer un nivel de filtración web para su hijo siga los siguientes pasos:

1. En su controller (controlador), presione el botón **Menu** (menú).
2. Seleccione **Settings** (configuraciones).
3. Seleccione **Profile** (perfil o descripción) de su hijo.
4. Bajo **Content Restrictions** (restricciones de contenido), seleccione **Web filtering** (filtración web).
5. Aquí, usted verá el menú que le permitirá seleccionar el nivel de filtración que sea apropiado para su hijo.
6. Cuando usted haya terminado, presione la **B** en su controller (controlador) para regresar a la pantalla anterior.

Controles Parentales para PS4

Para aprovechar a lo máximo los controles parentales para PS4, usted deberá asegurarse que el adulto tenga un Master Account (cuenta maestra o principal) y que el menor de edad tenga un Sub Account (subcuenta). La cuenta maestra controla lo que es y no es accesible para las subcuentas, y pueden crearse diferentes reglas para cada una de las subcuentas individuales.

Crear una subcuenta para su hijo

1-2. Vaya al símbolo de **Settings** (configuraciones) ➤ **Parental Controls** (controles parentales) ➤ **Sub Account Management** (administración de la subcuenta)

Se le pedirá que verifique su cuenta PSN cuando ingrese su identificación (dirección de correo electrónico) y contraseña. Luego seleccione **Create Nee Sub Account** (crear la nueva subcuenta), y presione el botón con el símbolo Ⓧ. Lea la explicación de las Subcuentas. Luego, seleccione **next** (siguiente) y presione el botón con el símbolo Ⓧ. Seleccione el símbolo del perfil del usuario local de su hijo o haga clic en **Register User** (inscripción del usuario) para crear un nuevo perfil del usuario local. Luego presione el botón con el símbolo Ⓧ. En la siguiente pantalla, ingrese el idioma y la fecha de nacimiento, y presione el botón con el símbolo Ⓧ.

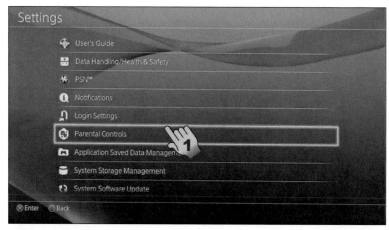

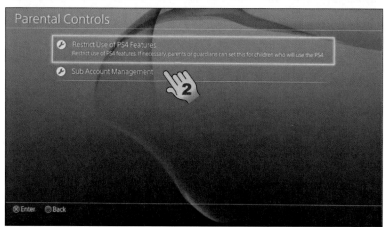

Chat (charla): La configuración predeterminada es "Block" (bloquear), lo cual quiere decir que la charla está limitada. Los Sub Account holders (propietarios de las subcuentas) no podrán participar en textos o charlas con voz o video con otros usuarios de la red de PlayStation Network.

Content Restriction (restricción del contenido): El valor predeterminado está fijado en la posición de "On" (encendido) lo cual quiere decir que el contenido estará limitado en base a la edad del usuario. Si esta restricción es eliminada, las Subcuentas podrán comprar y jugar cualquier tipo de contenido, incluyendo el contenido que está clasificado por encima de su edad, o que es inapropiado para su edad, de acuerdo al sistema de clasificación de la Comisión de Clasificación de Software para Entretenimiento (ESRB).

Controles Parentales para PS4 (continuación)

3. Regrese a **Parental Controls menu** (menú de los controles parentales) y seleccione **Restrict Use of PS4 Features** (limite el uso de las configuraciones del PS4).

   Para usar estas configuraciones, usted necesitará una contraseña de 4-dígitos. Por predeterminación, el Código es "0000," pero usted puede alterarlo eligiendo **Change Passcode** (cambiar la clave de acceso).

4. Usted puede limitar los juegos en base a los diferentes niveles en una escala del 1 al 11.

   El **Nivel 1** es para los juegos que todavía no han sido clasificados.

   El **Nivel 2** permite solo los juegos clasificados como infancia temprana (**EC: Early Childhood**).

   El **Nivel 3** permite la clasificación para todos (**E: Everyone**).

   El **Nivel 4** permite la clasificación para todos desde los 10 años de edad y más (**E10+**).

   Los **Niveles del 5 al 8** permiten la clasificación para adolescentes (**Teen**).

   El **Nivel 9** permite la clasificación de edad madura (**Mature**). El sistema está establecido por predeterminación en el nivel 9.

5. Usted también puede establecer los límites de edad para películas en discos Blu-Ray y DVD respectivamente.

6. Apague la navegación por internet bajo **Internet Browser.**

7. Bloquee a otros para que no puedan crear nuevos usuarios en su consola, bajo la selección de **New User** (nuevo usuario) e ingrese a la estación de juegos PS4.

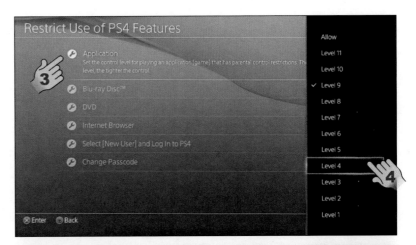

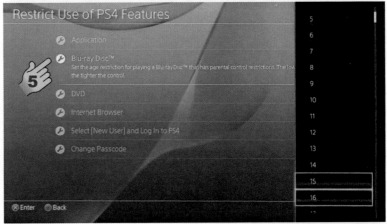

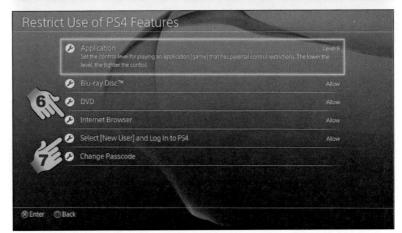

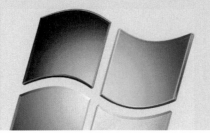

Controles Parentales para Windows 7

1. Abra el **Control Panel** (panel de control) y haga clic en **Set up parental controls for any user** (establezca los controles parentales para cualquier usuario).

2. Cree o haga clic en la cuenta de su hijo que usted desea establecer.

   Asegúrese de proteger su contraseña de **Administrator account** (cuenta de administrador), sino su hijo podrá apagar los Controles Parentales y usar la computadora sin tener restricciones.

3. Bajo los Controles Parentales marque el botón de la radio junto al botón de **On** (encender), y **enforce current settings** (aplicar las configuraciones actuales).

4. Luego usted puede revisar y controlar el tiempo que sus hijos usan la computadora, los juegos y programas.

Adjust your computer's settings   View by: Category ▼

System and Security
Review your computer's status
Back up your computer
Find and fix problems

User Accounts and Family Safety
Add or remove user accounts
Set up parental controls for any user

Network and

Choose a user and set up Parental Controls

What can I do with Parental Controls?

Users

Child
Standard user - Parental Controls On
No Password

clayton
Computer administrator
Password protected

Set up how Child will use the computer

Parental Controls:

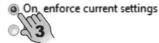

⦿ On, enforce current settings
○

Windows Settings

Time limits
Control when Child uses the computer

Games
Control games by rating, content, or title

Allow and block specific programs
Allow and block any programs on your computer

Current Settings:

Child
Standard user
No Password

Time Limits: Off

Game Ratings: Off

Program Limits: Off

Controles Parentales para Windows 7 (continuación)

5. Haga clic en **Games** (juegos) para establecer las clasificaciones en las que le permitirá jugar a su hijo.

6. Haga clic en **Time limits** (límites de tiempo) para controlar cuándo su hijo puede tener acceso a la computadora.

7. Haga clic en **Allow and block specific program** (permita y bloquée un programa específico) para escoger solo los programas que usted quiere que su hijo use.

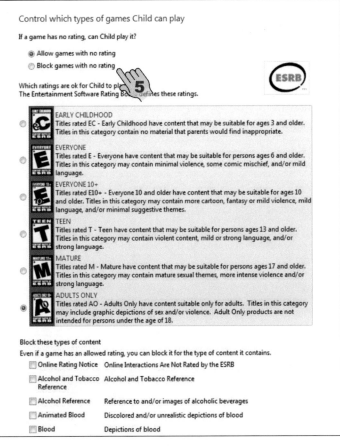

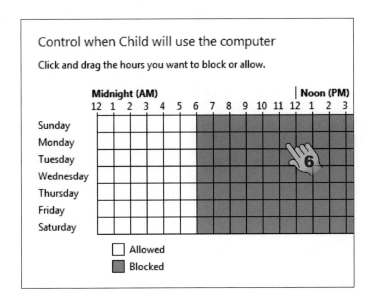

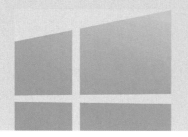

Controles Parentales para Windows 8.1

Family safety es la configuración de seguridad en Windows 8.1 que proporciona el control sobre sus hijos mientras usan la **PC** (computadora personal). Family safety proporciona filtración web, límites de tiempo, restricciones para aplicaciones y juegos y control sobre el acceso a los sitios web. Usted puede aplicar Family safety en Windows a la cuenta existente de su hijo o a una cuenta nueva.

1. Ingrese a su **PC** (computadora personal) con la cuenta de administración.

2. Haga clic en el menú **Start** (empezar), haga clic en el menú desplegable y seleccione **PC settings** (configuraciones para computadoras personales).

3. Seleccione **Accounts** (cuentas).

4. Seleccione **Other Accounts** (otras cuentas).

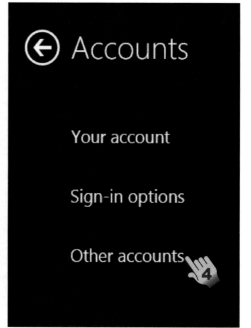

Controles Parentales para Windows 8.1(continuación)

5. No escriba una dirección de correo electrónico en el área en blanco. Haga clic o toque la sección **Add a Child's Account** (añadir la cuenta de su hijo).

6. Aquí usted puede ingresar o no la dirección de correo electrónico de su hijo. Los siguientes pasos son para añadir una cuenta sin tener que usar una dirección de correo electrónico.

How will this person sign in?

What email address would this person like to use to sign in to Windows? (If you know the email address they use to sign in to Microsoft services, enter it here.)

Email address

Sign up for a new email address

This person can sign in to easily get their online email, photos, files, and settings (like browser history and favorites) on all of their devices. They can manage their synced settings at any time.

Add a child's account

Privacy statement

Sign in without a Microsoft account (not recommended)

Next   Cancel

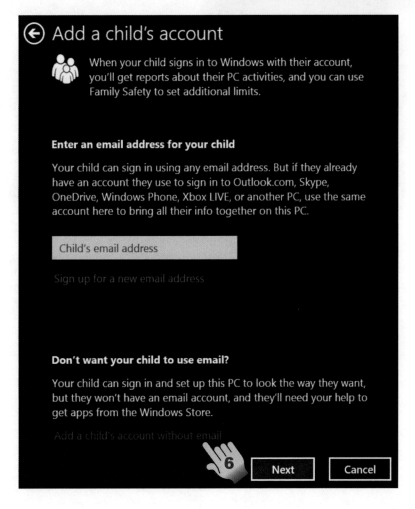

(←) Add a child's account

When your child signs in to Windows with their account, you'll get reports about their PC activities, and you can use Family Safety to set additional limits.

Enter an email address for your child

Your child can sign in using any email address. But if they already have an account they use to sign in to Outlook.com, Skype, OneDrive, Windows Phone, Xbox LIVE, or another PC, use the same account here to bring all their info together on this PC.

Child's email address

Sign up for a new email address

Don't want your child to use email?

Your child can sign in and set up this PC to look the way they want, but they won't have an email account, and they'll need your help to get apps from the Windows Store.

Add a child's account without email

Next   Cancel

7. Ingrese el nombre de su hijo y cree una contraseña para él. Yo le sugiero que siempre establezca contraseñas aún si esta se usa solamente en casa. Asegúrese de añadir la pista de la contraseña, pero no haga que la pista de la contraseña sea la misma contraseña. Haga clic en el enlace **Next** (siguiente) que aparece en la parte inferior.

8. La cuenta de su hijo ha sido creada. Todo lo que usted tiene que hacer ahora, es hacer clic en **Finished** (terminó).

9. Ahora que usted ya ha establecido completamente la cuenta de su hijo, ya es hora de fijar los Controles Parentales. Windows 8.1 los llama, **"Family Safety"** (seguridad familiar). Ahora usted querrá regresar a la pantalla de **User Account** (cuenta del usuario). Usted puede llegar allí haciendo clic en el botón de S█t ➤ **Control Panel ➤ Set up Family Safety for any User.** Los pasos son los mismos que en Windows

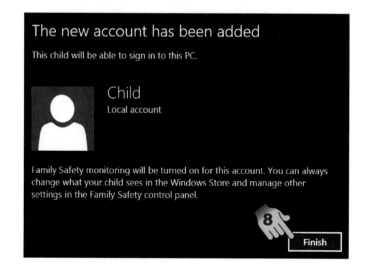

Controles Parentales para Windows 10

Microsoft ha mejorado considerablemente los controles parentales y ha incluido algunas funciones de monitorización las cuales harán que nuestras vidas como padres sean más fáciles . Aunque no sea por otro motivo en particular, esta es una buena razón para actualizar a Windows 10.

Si usted todavía no lo ha hecho, debe crear primero su propia cuenta de Microsoft en: https://account.microsoft.com/account

1. Vaya a la página de **Microsoft account sign-up** (página para ingresar a la cuenta de Microsoft) y toque o haga clic en **Create account** (crear una cuenta).

2. En la casilla para el **User name** (nombre del usuario) ingrese su dirección actual de correo electrónico, toque o haga clic en la sección que dice **"Get a new email address to create an Outlook or Hotmail address"** (obtenga una cuenta de correo electrónica nueva para crear una dirección de correo de Outlook o Hotmail).

3. Llene el resto del formulario y luego toque o haga clic en **Create account** (crear una cuenta).

Estableciendo una cuenta para su hijo

4. En Windows 10, usted querrá abrir las **Settings** (configuraciones), luego las **Accounts** (cuentas), y haga clic en **"Family & other users"** (la familia y otros usuarios), después

5. Haga clic en **"Add a family member"** (añadir a un miembro familiar).

6. En la siguiente pantalla, haga clic en **"Add a child"** (añada un niño). Es una buena idea que cada miembro de su familia, incluyendo los niños tengan su propia cuenta.

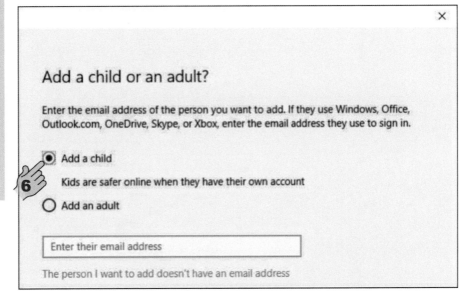

7. Después, usted llenará toda la información necesaria para establecer la cuenta de su hijo. Si no tienen una cuenta de correo electrónico, usted puede establecer una cuenta para ellos en **outlook.com**.

8. Ingrese un número de teléfono para recuperar la contraseña de su hijo. De esta forma, si alguna vez usted no puede tener acceso a la cuenta, ya sea que esta sea pirateada o si se le olvida la contraseña, usted puede hacer que le envíen un código a su teléfono que le permitirá reestablecerlo.

9. En la siguiente pantalla, usted puede marcar o quitar las marcas de estas casillas, eso depende totalmente de usted.

10. Su hijo ahora puede ingresar a su cuenta por primera vez, y usted puede establecer y configurar las funciones de sus cuentas, usando las herramientas en línea para la **Microsoft Family Safety** (Seguridad Familiar de Microsoft).

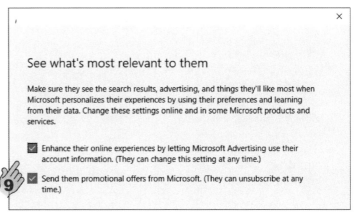

Controles Parentales para Windows 10 (continuación)

Alternativamente, si usted ya ha establecido una cuenta para su hijo y está simplemente añadiéndola a su instalación de Windows 10, usted necesitará asegurarse de confirmar su cuenta antes de que cualquier tipo de configuraciones familiares existentes puedan ser aplicadas a su cuenta.

11. Hasta que usted haga eso, verá que su cuenta está todavía pendiente. Sus hijos podrán iniciar una sesión y usar la computadora, pero ellos no tendrán las protecciones que usted ha establecido, por lo tanto, asegúrese de confirmar su cuenta usando la dirección de correo electrónico con la que usted les estableció la cuenta.

12. Cuando usted haya añadido la cuenta de su hijo, usted estará listo para visitar el sitio web de **Family Safety** (seguridad familiar). Haga click en **Manage family settings online** (administrar las configuraciones familiars en línea) para abrir una función de navegación y diríjase allí ahora.

Una vez que usted haya añadido la cuenta de su hijo, usted podrá administrar esas configuraciones de seguridad familiar desde el sitio web de Family Safety. Las configuraciones para la actividad más reciente recolectarán la actividad de su hijo y le enviarán a usted los reportes, usted puede desactivar ambas.

13. El primer punto que usted querrá considerar es la categoría de **web browsing** (navegación web). Usted puede "bloquear los sitios web inapropiados" (**block inappropriate websites**) y hay una casilla que puede marcar para limitar la navegación web de su hijo solamente a sitios web en la lista permitida.

14. Aquí, usted puede explícitamente permitir y bloquear los sitios web. Si usted eligió "ver solamente sitios web de la lista permitida" (**only see websites on the allowed list**), entonces este será el lugar en donde usted añadirá los sitios web a la lista de "Siempre permita estos" (**always allow these**).

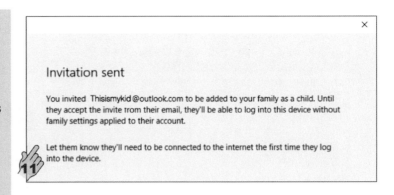

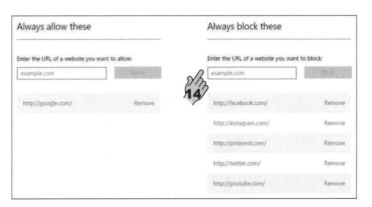

15. La siguiente categoría es para limitar las Apps y los juegos desde los tres hasta los veinte años de edad, o no hacerlo (not at all). Tome en consideración que a medida que usted cambia la edad, las clasificaciones también cambiarán.

16. Usted puede también explícitamente permitir o bloquear las Apps y los juegos, así como usted lo haría con los sitios web.

17. Finalmente, usted puede elegir cuándo su hijo puede usar la computadora. Usted puede decidir qué tan temprano y qué tan tarde él puede usarla, así como también cuántas horas por día. Esto quiere decir que a pesar de que su hijo puede usar la computadora durante todo el día, usted todavía puede limitar cuántas horas se le permitirá usarla.

Microsoft ha simplificado enormemente cómo los padres pueden aplicar los controles en las cuentas de sus hijos, de manera que si para usted todo esto es nuevo, usted debería encontrarlo muy fácil de resolver. El tener disponibles dichos controles, debe darle tranquilidad de que puede dejar que sus hijos usen la computadora, sin que ellos necesiten demasiada supervisión de adultos.

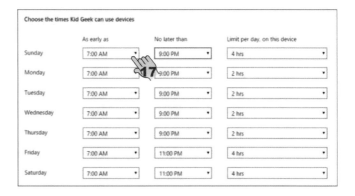

Tenga en mente que si usted añade una cuenta existente a su instalación de Windows, usted no podrá monitorizarla hasta que usted lo verifique vía correo electrónico. Hasta que usted haga eso, su hijo puede entrar en la computadora y esta no será monitorizada por la configuración de **Family Safety** (seguridad familiar).

Administración y monitorización

Después que usted haya establecido la cuenta de su hijo, usted puede monitorizar algunas de sus actividades en línea y hacer ajustes en las restricciones para los controles parentales desde su cuenta propia de Microsoft.

Vaya a Microsoft.com e ingrese a su cuenta.

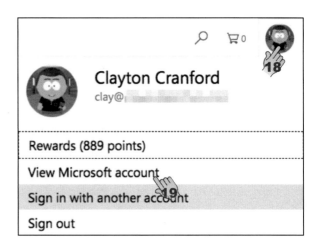

18. Haga clic en su perfil de fotos y luego

19. Haga clic en **View account** (ver la cuenta).

Controles Parentales para Windows 10 (continuación)

20. En la columna de la izquierda, usted verá la información de su cuenta y las cuentas de su familia. Todas las cuentas que han sido creadas para los niños deben estar anotadas aquí. Si usted quiere ver la actividad en línea de su hijo o hacer cambios a sus restricciones, haga clic en **See activity** (ver actividad).

Aquí, usted puede hacer cambios a sus restricciones de control parental o ver su actividad en línea. Para los límites de navegación en la red e informes de actividad de navegación web, los chicos necesitan usar Microsoft Edge o Internet Explorer. Si su hijo está usando Google's Chrome, su actividad no se mostrará aquí. Hoy en día la mayoría de los adolescentes en las escuelas están usando Google's Apps y Chrome en su salón de clases, así que su información aquí puede ser limitada.

21. Asegúrese que **Activity reporting** (información de actividad) esté encendida y **InPrivate browsing** (surfear la red en privado sin dejar rastro en su historial) esté bloqueada.

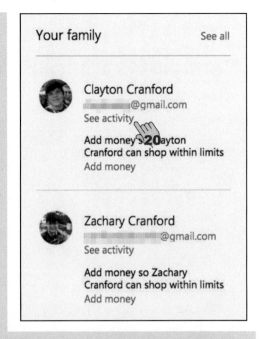

22. La información sobre la navegación web se encuentra aquí. También están anotadas aquí las búsquedas recientes, los sitios bloqueados en los que su hijo intentó tener acceso y los sitios en donde navegó.

23. Las Apps y juegos que se juegan están anotados aquí. Usted también tiene la opción de bloquearlos aquí.

24. Vigilar el tiempo que pasan los hijos frente a la pantalla es un problema que parece abrumador para los padres. Afortunadamente, usted puede ver exactamente cuánto tiempo pasa su hijo en su computadora. Adicionalmente, usted puede crear o ajustar los límites de tiempo que él pasa frente a la pantalla aquí también.

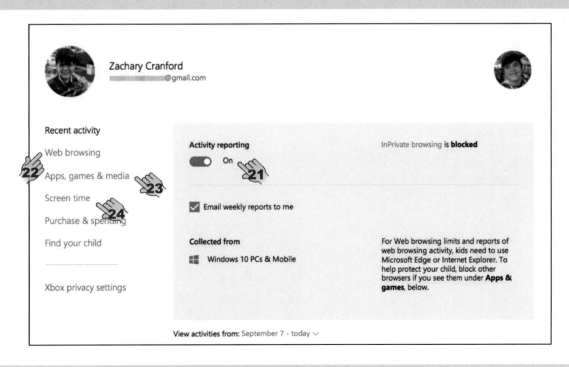

Controles Parentales para Chromebook

Primero, ingrese con su propia cuenta como padre. Usted solo puede usar y administrar las cuentas de los usuarios supervisados, si ellos están enlazados a la cuenta principal del padre — esa es su cuenta.

1. Haga clic en el botón **menu** (menú).

2. Busque la opción de **Signed in as** (ingresado como) para verificar que su cuenta está conectada.

3. Quite la marca **guest browsing** (navegación como invitado) y **restrict sign-in to the following users** (restringir el ingreso a los siguientes usuarios). Esto prevendrá que su hijo use la cuenta de invitado o ingresando con otra cuenta de Google para ignorar las restricciones de Supervised Browsing (navegación supervisada).

4. Abra la pantalla de las configuraciones de Chrome del menú y haga clic en el botón de **Add User** (añadir un usuario) bajo **Users** (usuarios). En un Chromebook, haga clic en la opción de **Add user** (añadir un usuario) en la esquina inferior izquierda de la pantalla para iniciar una sesión.

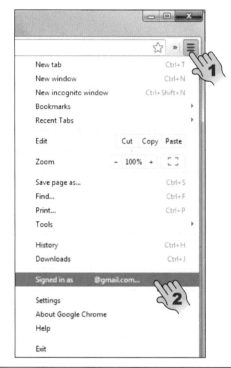

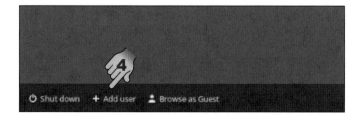

Controles Parentales para Chromebook (continuación)

5. Cree una nueva cuenta de usuario y seleccione **This is a supervised user managed by (your user account)** [Este es un usuario supervisado por (su cuenta de usuario)].

6. A usted se le sugerirá crear una contraseña separada para su hijo. La cuenta de usuario de su hijo estará totalmente bloqueada. Solo salga de Chromebook y haga que su hijo ingrese en la pantalla para iniciar una sesión.

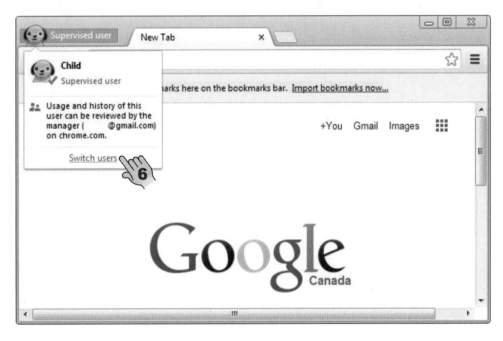

Controles Parentales para Chromebook (continuación)

7. Para administrar las restricciones de la cuenta, usted necesitará visitar **Google's management tool** (la herramienta administrativa de Google) en el sitio web www.chrome.com/manage. Ingrese con su nombre de usuario y contraseña asociada de usted con su propia cuenta como padre, no la que está enlazada a la cuenta del niño. Después que ingrese, usted puede modificar los permisos para todos sus **Supervised Users** (usuarios supervisados). Usted también puede ver su actividad de navegación y permitir o negar cualquier solicitud que él haya hecho para desbloquear los sitios web.

8. Cuando un usuario trata de tener acceso a un sitio bloqueado, él verá un mensaje en la pantalla que le indicará **"you need permission"** (usted necesita permiso). Ellos podrán hacer clic en el botón de **Request permission** (solicitar permiso) y cualquiera de las solicitudes de permiso aparecerán en la página administrativa. Usted puede tener acceso a esta página desde cualquier lugar, así que usted podría aprobar el acceso a los sitios web aun cuando usted no esté en casa.

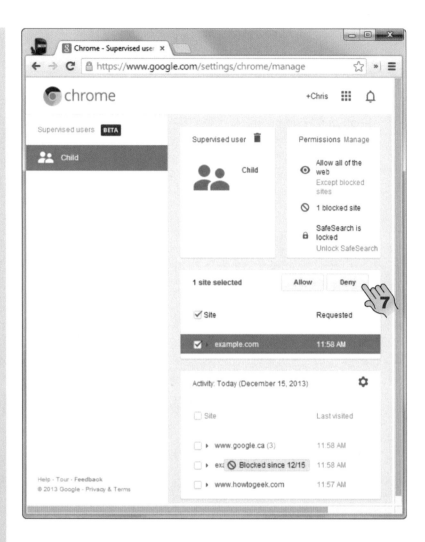

Controles Parentales para Mac OS

1. Haga clic en **Apple symbol** (símbolo de Apple) en la esquina superior izquierda en la pantalla de su computadora.

2. Seleccione **System Preferences** (preferencias del sistema) en el menú desplegable.

3. Haga clic en **Parent Controls** (controles parentales) en la ventanilla de **System Preferences** (preferencias del sistema).

4. Cree una nueva cuenta de usuario o modifique la cuenta actual en la que ingresó.

Controles Parentales para Mac OS (continuación)

5. Opciones de control

- **Apps** – Limite o determine qué aplicaciones están disponibles para su hijo.

- **Web** – Restrinja el contenido web o cree una lista de sitios web que él solamente puede visitar.

- **People** - Controle la participación de los múltiples jugadores que se unan a los juegos por medio del **Game Center** (Centro de Juegos), y la posibilidad que su hijo pueda añadir a sus propios "amigos" en el Centro de Juegos. Limite los correos y mensajes a un grupo selecto de contactos.

- **Time Limits** – Establezca límites de tiempo.

- **Other** – Desactive la cámara web incorporada y desactive la posibilidad de cambiar la contraseña de la cuenta.

6. **Lock** – Bloquee para prevenir más cambios.

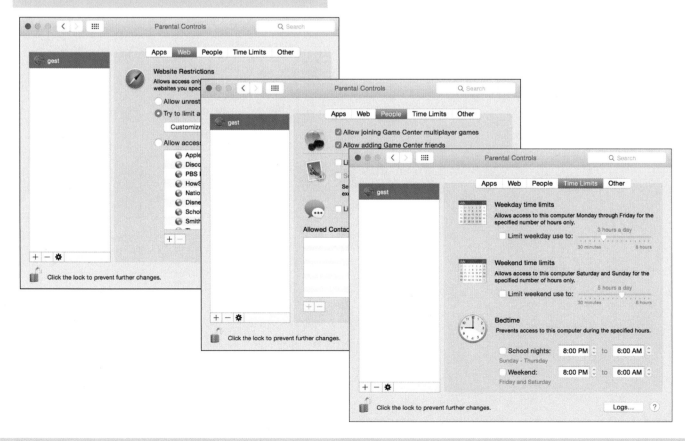

Controles Parentales para iOS
(iPhone, iPad, y iPod)

1. Toque **Settings** (configuraciones) de la App.

2. Escoja **General** para ver el menú.

3. Desplácese hacia abajo hasta llegar a **Restrictions** (restricciones). Si usted nunca ha establecido controles parentales todavía, este se mostrará "**off**" (apagado). Seleccione las restricciones.

4. Active **Restrictions** (restricciones).

5. Escoja una contraseña que solo usted sepa como padre. Nunca comparta esta información con su hijo.

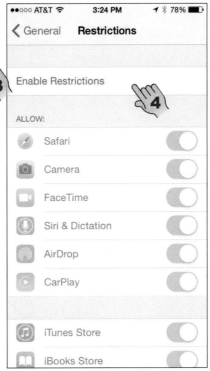

Controles Parentales para iOS (continuación)

6. La primera sección del menú de restricciones le permitirá apagar algunas aplicaciones, tales como el navegador Safari o la cámara (el color verde significa encendido, el grisáseo significa apagado). En la segunda sección, asegúrese de apagar App **Installing Apps** (instalación de Apps), **deleting** (borrarlas) e **In-App Purchases** (compras en las aplicaciones).

7. La tercera sección filtra el contenido de varias fuentes. Toque cualquiera de estas en la pantalla de seguimiento.

8. Supervise las clasificaciones que usted desea permitir. Las clasificaciones bloqueadas estarán anotadas en rojo.

9. Desplácese hacia la parte inferior del menú para apagar o no permitir la posibilidad de ingresar a los juegos con múltiples jugadores en el Centro de Juegos y no permitir la posibilidad de añadir amigos, para niños menores de 13 años de edad.

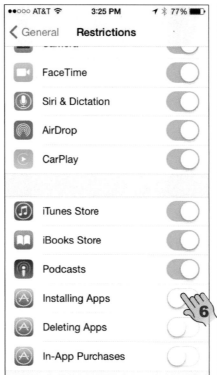

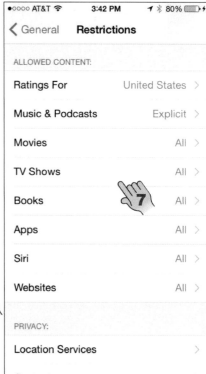

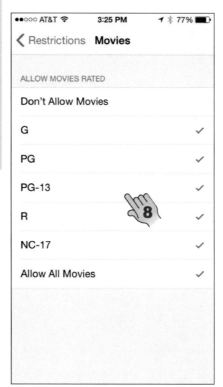

Controles Parentales para Android

Google ha consolidado los controles parentales y de monitorización para padres en un solo lugar: la aplicación **Family Link**.

La App Family Link de Google le ayuda a mantenerse al tanto de lo que su hijo explora en su dispositivo móvil de Android. Con una cuenta de Google, su hijo podrá usar por primera vez los servicios del ecosistema general de Google. Así es cómo funciona: Primero, su hijo necesitará un nuevo dispositivo móvil que opere Android Nougat (7.0) o versión más avanzada. Luego, descargue el Family Link (Enlace Familiar) en su dispositivo móvil (de Android o iPhone) y cree una Cuenta de Google para él a través del App. Finalmente, ingréselo en su nuevo dispositivo móvil, y entonces usted podrá usar Family Link para que le sirva de ayuda:

- Administre las aplicaciones que su hijo puede usar – Apruebe o bloquee las aplicaciones que su hijo quiere descargar de la tienda de juegos de Google.

- Vigile el tiempo que sus hijos están expuestos a una pantalla – Vea cuánto tiempo pasa su hijo en sus aplicaciones favoritas, con informes de sus actividades semanal o mensualmente, y establezca límites de tiempo que pase frente a una pantalla diariamente.

- Establezca en el dispositivo móvil una hora determinada para ir a dormir – Por control remoto apague o no permita el uso del dispositivo móvil a su hijo cuando sea la hora de ir a dormir o para tomar un descanso.

Al momento de impresión, Family Link estaba todavía en beta (su prueba final), y para poder inscribirse usted debe solicitar una invitación al programa de acceso temprano de Family Link. Después de recibir una invitación, descargue y pruebe la aplicación de Family Link, en https://families.google.com/familylink/

Cree una cuenta en la aplicación de Family Link

Para crear una cuenta para un niño menor de 13 años, en la aplicación de Family Link, usted necesita ser parte del programa de acceso temprano de Family Link.

Generalmente toma alrededor de 15 minutos para crear la cuenta de Google de su hijo

1. Abra la aplicación Family Link.

2. En la parte superior derecha, toque en **Create** (crear). +

3. Siga las instrucciones en la pantalla para crear la cuenta.

4. Cuando usted termine, aparecerá en la pantalla una confirmación.

Cree una cuenta cuando programe un dispositivo móvil de Android

Siga los siguientes pasos para crear una Cuenta de Google para su hijo menor de 13 años, cuando usted esté configurando un dispositivo móvil que opera con Android 7 o en una versión más avanzada.

1. Siga las instrucciones en la pantalla para configurar el dispositivo.

2. Cuando a usted se le pida que ingrese con su Cuenta de Google, toque **More options** (más opciones) para **Create new account** (crear una nueva cuenta).

3. Ingrese el nombre, fecha de nacimiento, género, dirección de correo electrónico y contraseña de su hijo.

4. Usted verá en la pantalla el siguiente mensaje:

Controles Parentales para Android (continuación)

"**Link your account to a parent**" (enlace su cuenta a la de un padre). Desde aquí, siga las instrucciones para ingresar con su propia Cuenta de Google, proporcione el consentimiento parental y elija las configuraciones para su hijo.

Use Family Link para hacer lo siguiente:

- Cambiar las configuraciones en la Cuenta de Google de su hijo: Restablezca la contraseña de su hijo(a) y administre ciertas configuraciones en la Cuenta de Google, como el acceso a los sitios web en Google Chrome.

- Administrar las aplicaciones Android de su hijo: Decida cuáles aplicaciones su hijo puede descargar o comprar, bloquear o permitir las aplicaciones y cambiar los permisos de las aplicaciones (Apps).

- Administrar el tiempo que su hijo está expuesto a la pantalla de su dispositivo móvil de Android: Establezca un horario para ir a dormir o límites diarios frente a la pantalla y vea cuánto tiempo pasan sus hijos en ciertas aplicaciones de Android.

- Revisar la ubicación del dispositivo móvil Android de su hijo

- Limitar el contenido para edad Madura en Google Play

Limite los sitios web inapropiados en Chrome

Cuando los controles parentales están encendidos:

- Los niños no pueden usar el modo incógnito, o salirse de Chrome.

- Los padres pueden administrar los sitios web que sus hijos pueden visitar en Chrome y algunos permisos del sitio.

- De forma predeterminada, Chrome trata de bloquear los sitios sexualmente explícitos y violentos.

- Se requiere **Chrome Sync** para que trabajen ciertas funciones administrativas parentales de trabajo, así que este no se puede apagar completamente. Sin embargo, usted puede apagar ciertos tipos de recolección de datos.

- Los controles de Actividad de Google de su hijo podrían permitirle a Google usar el historial de navegación de Chrome y la actividad de los sitios web para personalizar sus experiencias a través de los productos y servicios de Google. Sin embargo, esta información no será utilizada para personalizar anuncios.

Administre la actividad de su hijo en Chrome

Elija las restricciones del sitio web de Chrome de su hijo

1. Abra la aplicación **Family Link** de Family Link.

2. Seleccione a su hijo.

3. En "**Settings**" card (tarjeta de configuraciones), toque **Manage Settings** (administre las configuraciones) y luego **Filters on Chrome** (filtros en Chrome).

4. Elija la configuración que sea la más apropiada para su familia.

- Permita visitar todos los sitios: Su hijo podrá visitar todos los sitios web, con la excepción de los que usted bloquee.

- Trate de bloquear los sitios de edad madura: Ningún filtro es perfecto, pero esto deberá ayudarle a esconder los sitios sexualmente explícitos y violentos.

- Solamente permita el acceso a ciertos sitios: Su hijo solo podrá visitar los sitios a los que usted le permita tener acceso.

5. Toque **Manage Sites** (administre los sitios) para permitir o bloquear ciertos sitios.

Nota: Usted también puede administrar esta configuración haciendo clic en el nombre de su hijo en families.google.com.

Bloquee o permita ciertos sitios web

Si usted bloquea un cierto sitio, su hijo puede pedir permiso para visitarlo. Usted recibirá una notificación en la aplicación Family Link en donde usted puede aprobar o negar su petición.

Sitios web: Si usted bloquea o permite un sitio web específico, como www.google.com, el permiso no se aplicará a los sitios que empiecen o terminen diferentemente, como www.google.co.uk o

Controles Parentales para Android (continuación)

get.google.com/tips.

Dominios: Si usted bloquea o permite un dominio completo, como google, el permiso es aplicable a los sitios que también empiecen o terminen diferentemente, como google.com e images.google.fr.

Bloquee o permita un sitio

1. Abra la aplicación de Family Link de Family Link.

2. Seleccione a su hijo.

3. En **Settings card** (tarjeta de configuraciones), toque **Manage Settings** (administre las configuraciones) y luego **Filters** (filtros) en Chrome y luego **Manage sites** (administrar los sitios) y luego **Approved** or **Blocked** (aprobado o bloqueado).

4. En la esquina inferior derecha, haga clic en **Create Create** (Crear crear)

5. Añada un sitio web o dominio.

6. En la parte superior izquierda, haga clic en **Close Close** (Cerrar cerrar).

Nota: Usted también puede administrar esta configuración haciendo clic en el nombre de su hijo en families.google.com.

Cambie las configuraciones de permiso del sitio web

Usted puede decidir si su hijo puede dar permiso a los sitios web que él visite, incluyendo la ubicación, cámara y notificaciones.

1. Abra la aplicación **Family Link** de Family Link.

2. Seleccione a su hijo.

3. En **Settings card** (tarjeta de configuraciones), toque **Manage Settings** (administre las configuraciones) y luego **Filters** (filtros) en Chrome y luego el **Dashboard** (tablero) de Chrome.

4. **Turn on or off** (encender o apagar) **"Permissions for sites and apps"** (permisos para sitios y aplicaciones)

Cuando "**Permissions for sites and apps**" (permisos para sitios y aplicaciones) esté apagado, los niños no deben dar permiso a los sitios web en el futuro. Sin embargo, permisos ya otorgaron segiran establecidos.

Cuando usted enciende los controles parentales, usted puede limitar el contenido que puede ser descargado o comprado de Google Play, en base al nivel de madurez.

Para miembros de la familia de 13 años de edad o más

Cómo trabajan los controles parentales de Google Play

- Los controles parentales solo son aplicables al dispositivo móvil de Android que usted lo añadió. Para añadir controles parentales en otro dispositivo móvil, repita los pasos que se indican abajo en los otros dispositivos móviles.

- Si usted tiene varios usuarios en un dispositivo móvil, usted puede configurar diferentes controles parentales para cada persona.

- La persona que configure los controles parentales creará un Número de Identificación Personal (PIN, por sus siglas en inglés) que necesita ser ingresado para remover o cambiar los controles parentales.

Configure los controles parentales

1. En el dispositivo móvil en el que usted quiere activar los controles parentales, abra la aplicación de **Play Store** de Google Play.

2. En la esquina superior izquierda, toque **Menu** (menú) y luego **Settings** (configuraciones) y luego **Parental controls** (controles parentales.

3. Encienda **Parental Controls**.

4. Cree un Número de Identificación Personal (PIN). Esto previene que la gente que no conoce el número de PIN, pueda cambiar las configuraciones de sus controles parentales. Si usted está configurando controles parentales en el dispositivo móvil de su hijo, escoja un PIN que ellos todavía no conocen.

5. Toque el tipo de contenido que usted quiere filtrar.

6. Elija cómo filtrar o limitar el acceso.

Una vez que usted configure los controles parentales, usted puede encenderlos o apagarlos. Cuando usted los encienda de regreso y cree un nuevo Número de Identificación personal (PIN), sus configuraciones

Controles Parentales para Android

antiguas regresarán. Esto le ayuda a usted a compartir un dispositivo móvil con personas que no necesitan tener controles parentales.

Para miembros de la familia que son menores de 13 años de edad

Si usted creó una Cuenta de Google para su hijo menor de 13 años de edad, usted puede configurar los controles parentales para ellos.

Configurando los controles parentales

1. Abra la aplicación de **Family Link** en Family Link.

2. Seleccione a su hijo.

3. En **Settings card** (tarjeta de configuraciones), toque **Manage Settings** (administrar las configuraciones) y luego **Controls** (controles) en Google Play.

4. Toque el tipo de contenido que usted desea filtrar.

5. Elija cómo filtrar o limitar el acceso.

Nota: Usted también puede administrar esta función haciendo clic en el nombre de su hijo en families.google.com.

Nota: Los controles parentales no previenen ver el contenido restringido como el resultado de una búsqueda o a través de un enlace directo.

Aplicaciones (Apps) y juegos

Cuando usted configura los controles parentales para las aplicaciones y juegos, usted puede elegir la clasificación de contenido más alta que usted quiera permitir para descargas o compras.

Si usted trata de instalar un juego utilizando la aplicación de **Play Games** (jugar juegos), le llevarán a la aplicación de la **Play Store** (tienda de juegos) en donde las configuraciones de sus controles parentales pueden limitarle el acceso.

Movies (películas)

Cuando usted configure los controles parentales para las películas, usted puede elegir la clasificación más alta que usted quiera permitir para rentar, comprar o reproducir películas.

TV (televisión)

Cuando usted configura los controles parentales para los programas televisivos, usted puede elegir la clasificación más alta que usted quiera permitir para comprar o reproducir programas televisivos.

Books (libros)

Cuando usted configura los controles parentales para libros, usted no podrá leer o comprar la mayoría de los libros sexualmente explícitos de la aplicación de la **Play Store** (tienda de juegos) y la aplicación de **Play Books** (libros de juegos).

Aunque la configuración de los controles parentales no atrapará el 100% de los libros sexualmente explícitos en **Google Play**, estos deben ayudarlo a evitar la mayoría del contenido para adultos.

Music (música)

Cuando usted configura los controles parentales para la música, usted no podrá comprar música que está marcada como Explicit (explícita) por los proveedores de contenido.

Los controles parentales para la música solamente se aplican a la aplicación de **Play Store**. Los controles parentales no cambian la música que usted ve en la aplicación de **Play Music** (tocar música), incluyendo música adquirida, música descargada o subscripciones para canciones.

YouTube

Búsquedas Seguras en YouTube en Desktop (ordenador)

Para filtrar el contenido inapropiado o para adultos en YouTube, las configuraciones de **"safe search"** (búsqueda segura) deben ser puestas en todos los navegadores y en la aplicación de YouTube, en computadoras y dispositivos móviles. Inicie una ventana del navegador e ingrese en www.youtube.com en la barra de la dirección web.

1. Haga clic en el botón azul de **Sign In** (iniciar una sesión) en la esquina superior derecha de la pantalla y siga los pasos para iniciar una sesión.

2. Una vez que YouTube se cargue, deslíce hacia la parte inferior de la página y haga clic en el botón de **Restricted Mode** (modo restringido).

3. Haga clic en **On** (encender)

4. Haga clic en el botón de **Save** (guardar). Para bloquear estos cambios para que nadie pueda cambiarlos sin su contraseña, haga clic en **"Lock safety mode on this browser"**. Se le solicitará que ingrese su contraseña. Una vez que la información sea proporcionada, la función será bloqueada y solamente puede ser desbloqueada al ingresar de nuevo su contraseña.

Usted sabrá que los controles parentales están activados cuando haga una búsqueda. Indicada en la parte superior de los resultados de la búsqueda estará la frase **"Some results have been removed because Safety mode is enabled"** (algunos resultados han sido removidos porque el modo de Seguridad está activado). Usted necesita hacer esto para cualquiera y todos los navegadores en su computadora que usted cree que su hijo podría usar para tener acceso al sitio de YouTube. El proceso es el mismo.

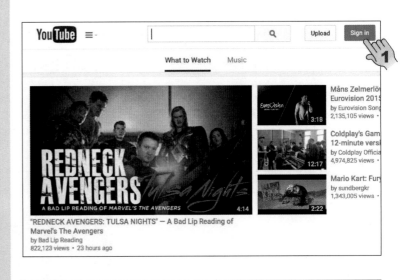

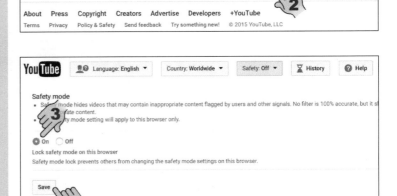

Búsqueda Segura de YouTube en la Aplicación de iOS

1. Abra la aplicación móvil de YouTube y toque la imagen de su cuenta en la esquina superior derecha.

2. Toque **Settings** (configuraciones).

3. Seleccione **Restricted Mode Filtering** (filtración de modo limitado).

4. Seleccione **Strict** (estricto).

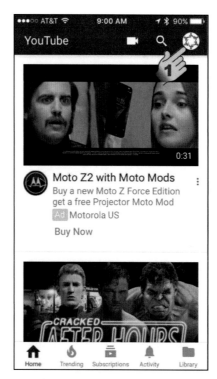

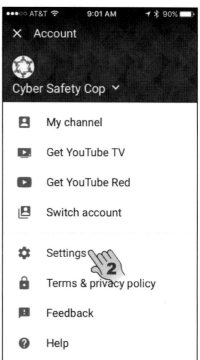

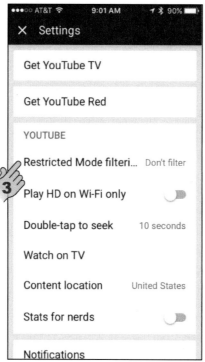

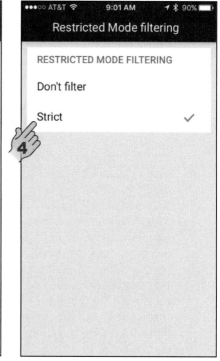

Búsqueda Segura de Google en la Aplicación de iOS

1. Abra la aplicación móvil de Google y toque la imagen de su cuenta en la esquina superior izquierda.

2. Deslícese hacia abajo y toque **Search Settings** (configuraciones de búsqueda).

3. Seleccione **Filter explicit results** (filtrar resultados explícitos).

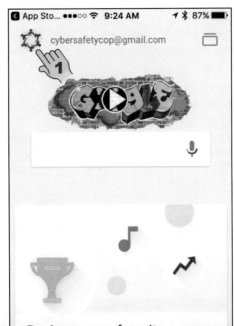

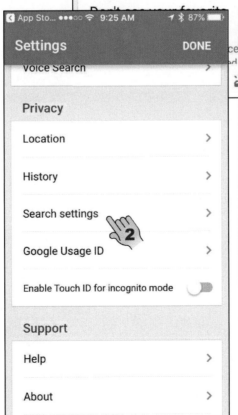

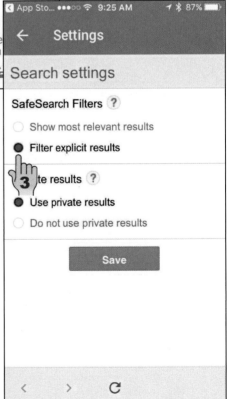

Búsqueda Segura de Google
Navegadores para Desktop (ordenadores)

Las configuraciones de búsqueda segura de Google filtran el contenido para adultos que aparece en los resultados de búsqueda. Estas configuraciones deben ser aplicadas a cada navegador en todas las computadoras.

1. Active todas las cookies de terceros (una pequeña pieza de datos enviada de un sitio web almacenada en la computadora del usuario) en el panel de las configuraciones o preferencias de su navegador.

2. Abra el navegador y navegue en google.com e ingrese en su cuenta de Google. Luego navegue a http://www.google.com/preferences. Verifique los **Filter explicit results** (filtrar resultados explícitos).

3. Seleccione **Lock SafeSearch** (bloquear la búsqueda segura) e ingrese de nuevo en Google.

4. Usted verá pelotas de colores y **"SafeSearch is locked"** (la búsqueda segura está bloqueada) en la esquina superior derecha del navegador la cual indicará que la **Safe Search** (búsqueda segura) está encendida. Realice los pasos a la inversa para desbloquearla.

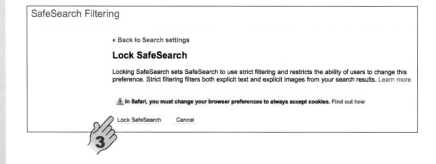

Búsqueda Segura de Bing
Navegadores para Desktop (ordenadores)

Bing es el motor de búsqueda predeterminado de Microsoft en Internet Explorer. Active **Safe Search** (búsqueda segura) para filtrar el contenido para adultos de los resultados de la búsqueda.

1. Navegue a:
   http://www.bing.com/account/general, Bing ofrece dos niveles de filtración.
2. Los filtros **Strict** (estrictos) de textos para adultos, imágenes y videos de los resultados, mientras **Moderate** (moderado) aplica el filtro solo a imágenes y video (el texto se mantiene sin filtración).

Settings

GENERAL   WEB   HOMEPAGE   NEWS   PERSONALIZATION   WORLDWIDE

SafeSearch
Filter adult content from your search results.

○ **Strict**   Filter out adult **text, images, and videos** from your search results.
○ **Moderate**   Filter adult **images and videos** but not text from your search results.
○ **Off**   Don't filter adult content from your search results.

Still seeing inappropriate content? SafeSearch uses advanced technology to filter adult content catch everything. If SafeSearch is set to Strict or Moderate and you're seeing adult content, **tell us** can filter it in the future. You can also learn about **services and products from Microsoft to help you** online.

Interests

History

Búsqueda Segura de Yahoo
Desktop, iOS y Android

Tenga acceso a las configuraciones de SafeSearch

Usted puede tener un acceso rápido a las configuraciones de **SafeSearch** en su ordenador y dispositivos móviles.

Desktop (ordenador)

1. Ingrese a Yahoo.
2. En la caja de búsqueda, ingrese una búsqueda y haga clic en **Search** (buscar).
3. Desde los resultados de la búsqueda, pase el ratón encima del **Settings icon** (símbolo de las configuraciones).
4. Haga clic en **Preferences** (preferencias).

Android

1. Vaya a https://search.yahoo.com/.
2. Toque **Settings** (configuraciones).

iOS iPhone

1. Vaya a https://search.yahoo.com/.
2. Vaya a la parte de abajo y toque **Settings** (configuraciones).

iPad

1. Vaya a https://search.yahoo.com/.
2. Toque **Settings** (configuraciones).
3. Deslícese hacia abajo y toque **Sign in** (ingresar).
4. Cambie (Change) o bloquee (Block) **SafeSearch**

Usted puede cambiar la fuerza del filtro de SafeSearch y bloquee en su elección para cada navegador en su computadora o dispositivo móvil.

Cambiar la fuerza de SafeSearch

1. Seleccione una opción del menú desplegable de SafeSearch:

- **Strict** (estricto) – no hay contenido para adultos
- **Moderate** (moderado) – no hay imágenes ni video
- **Off** (apagado) – no filtra los resultados

2. Cuando usted haya terminado de escoger, haga clic o toque **Save** (guardar).

Búsqueda Segura de Yahoo (continuación)
Desktop, iOS y Android

¿No puede desactivar SafeSearch?

- Usted puede haber ingresado en la Cuenta de Yahoo que está registrada como la cuenta de un menor de 18 años.

- Usted puede necesitar contactar a su Proveedor de Servicio de Internet (ISP) para obtener más detalles.

Fije un bloqueo de SafeSearch Lock

¿Usted usa un iPhone? - En este momento SafeSearch no puede ser bloqueado en un iPhone.

Usted puede bloquear las configuraciones de SafeSearch para cada uno de los navegadores en su computadora o dispositivo móvil. Una vez que usted haya bloqueado SafeSearch para un navegador, este estará bloqueado en ese navegador en la computadora o dispositivo móvil que usted esté usando, para los usuarios que han hecho los siguiente:

- No han ingresado en una cuenta de Yahoo.

- Ingresaron en una cuenta que es para menores de 18 años de edad.

Bloquee SafeSearch

1. Accese las configuraciones SafeSearch usando los pasos a seguir mencionados arriba.
2. Seleccione una opción del menú desplegable de SafeSearch.
3. Haga clic o toque **Lock** (bloquear)
4. Haga clic en **Save** (guardar).
5. Salga de su cuenta de Yahoo.

Desbloquee SafeSearch

El bloqueo puede desactivarse de una cuenta de Yahoo que está registrada para mayores de 18 años. Un paso de verificación adicional debe ser realizado para confirmar que el usuario que desactiva el bloqueo es mayor de 18 años de edad.

Privacidad de Apple iMessage

Configuraciones de Desktop

1. Abra la aplicación de **iMessage**.

2. Haga clic en **Messages** (mensajes) en la barra de herramientas de la aplicación para desplazarse por el menú.

3. Seleccione **Preferences** (preferencias).

4. Seleccione **General** (general).

5. Remueva la marca en la casilla de **Notify me about messages from unknown contacts** (Notifíqueme acerca de los mensajes de contactos desconocidos).

Messages	File	Edit	Vi
About Messages			
Preferences...		⌘,	
Add Account...			
Log In		⌘L	
My Status		▶	
Change My Picture...			
Services		▶	
Hide Messages		⌘H	
Hide Others		⌥⌘H	

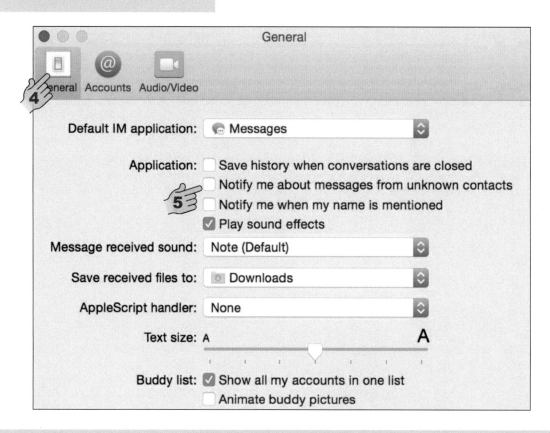

General

General   Accounts   Audio/Video

Default IM application: Messages

Application:
- ☐ Save history when conversations are closed
- ☐ Notify me about messages from unknown contacts
- ☐ Notify me when my name is mentioned
- ☑ Play sound effects

Message received sound: Note (Default)

Save received files to: Downloads

AppleScript handler: None

Text size: A ⸺⸺⸺ A

Buddy list: ☑ Show all my accounts in one list
☐ Animate buddy pictures

Privacidad de Apple iMessage (continuación)

Configuraciones de iOS

1. Abra las **Settings** (configuraciones) de la aplicación.

2. Deslíce hacia abajo el cursor y seleccione **Messages** (mensajes) en el menú.

3. Encienda (verde) **Filter Unknown Senders** (filtrar los remitentes desconocidos).

Para bloquear un contacto

4. Abra las **Settings** (configuraciones) de la aplicación. Deslíce hacia abajo el cursor y en el menú seleccione **Messages** (mensajes). Seleccione **Blocked** (bloqueado).

5. **Add** (añada) un contacto en su lista de contactos para bloquear para que su hijo no reciba llamadas ni mensajes de ese contacto.

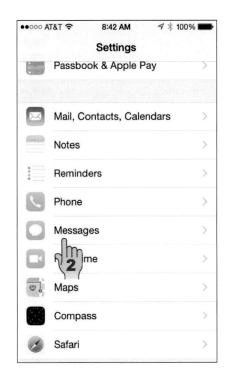

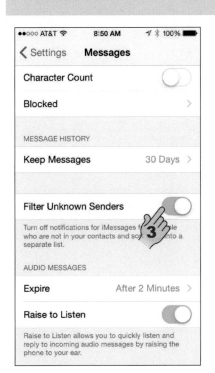

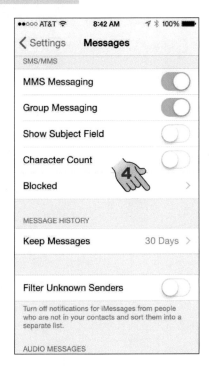

Monitorizar Apple iMessage

Si su hijo quiere usar mensajes de texto, **iMessage** es definitivamente la opción más segura. No le deje usar las aplicaciones de mensajes instantáneos como Kik o TextNow. Usted tiene dos opciones. Una, usted puede mantener a su hijo bajo su cuenta de **iCloud** o usted puede crear una cuenta exclusiva de iCloud para ellos. Yo le recomiendo que mantenga a su hijo en su cuenta de iCloud para que su número de teléfono aparezca en su menú de Messages (mensajes). Al seguir las instrucciones de abajo, usted recibirá una copia de todos los mensajes de su hijo.

1. Abra la aplicación de **Settings** (configuraciones).

2. Deslice el cursor hacia abajo y seleccione **Messages** (mensajes) en el menú.

3. Seleccione **Send & Receive** (enviar y recibir).

4. Haga clic en el número de teléfono de su hijo. Una marca de verificación aparecerá junto a éste.

5. Regrese a **Settings** (configuraciones) para seleccionar **Messages** (mensajes).

6. Luego **Settings** (configuraciones).

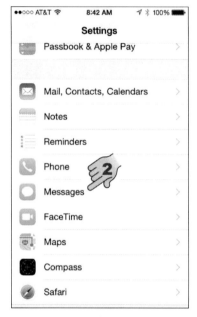

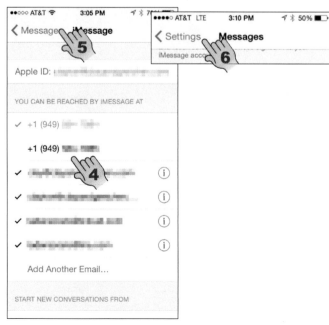

Monitorizar Apple iMessage (continuación)

7. Seleccione **General** (general).

8. Seleccione **Restrictions** (restricciones) e ingrese su código de contraseña parental.

9. Seleccione **Accounts** (cuentas)

10. Seleccione **Don't Allow Changes** (no permitir cambios)

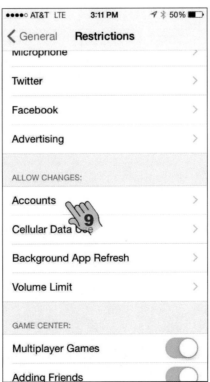

Configuraciones de Privacidad de Instagram y Reportar Abusos

Instagram es actualmente la red social de imágenes y mensajes más popular entre los adolescentes. Este sitio tiene funciones directas de privacidad y para reportes de abuso.

Para establecer una cuenta privada

1. Abra la aplicación de Instagram. ⚙ Seleccione el símbolo de **Profile** (perfil).

2. Seleccione el símbolo de **Settings** (configuraciones).

3. Encienda (azul) **Private Account** (cuenta privada)

Para reportar abusos

4. Navegue a la cuenta, imagen o comentario que usted desea reportar como **spam** (no deseado) o abusivo.

   Seleccione ••• para abrir el submenú de **Reporting** (reportar)

5. Siga las indicaciones del submenú hacia la categría correcta.

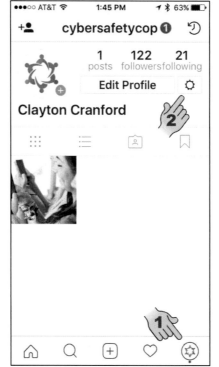

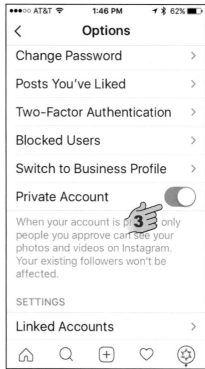

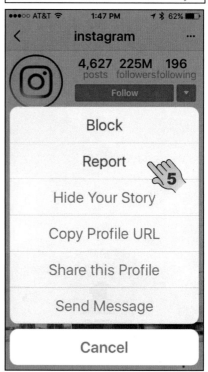

Privacidad de Twitter y Configuraciones de Seguridad Navegador desktop

Las configuraciones de abajo son para las configuraciones de privacidad más estrictas. 1. Inicie una sesión en Twitter y haga clic en la foto de su perfil, 2. Seleccione **Settings** (configuraciones) en el menú desplegable. 3. Seleccione **Security & Privacy** (seguridad y privacidad). 4. Seleccione **Send login verification requests to [your mobile phone]** (envíe las solicitudes de verificación del inicio de una session - a su teléfono móvil)

5. Verifique **Require Personal information to reset my password** (se requiere la información personal para reestablecer mi contraseña).

6. Seleccione **Do not allow anyone to tag me in photos** (no permita que nadie me coloque una etiqueta en fotos).

7. Marque **Protect my Tweets** (proteja mis Tweets).

8. Remueva la marca en **Add a location to my Tweets** (añada una ubicación en mis Tweets).

9. Haga clic en **Delete all location information** (borre toda la información sobre las ubicaciones).

10. **Save Changes** (guarde los cambios).

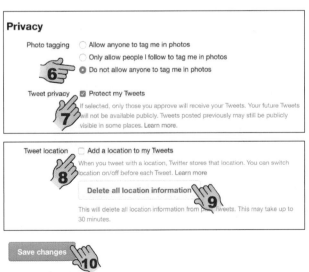

Privacidad en Twitter y Configuraciones de Seguridad de iOS

1. Abra Twitter en su dispositivo móvil de iOS. Haga clic en su **profile image** (imagen de perfil).

2. Seleccione **Settings and privacy** (configuraciones y privacidad).

3. Seleccione **Privacy and safety** (privacidad y seguridad).

4. Encienda **Protect your Tweets** (proteja sus Tweets).

5. Apague **Photo tagging** (etiquetación de fotos).

6. Deslíce el cursor hacia abajo y seleccione **Discoverability and contacts** (descubrimiento y contactos).

7. **Turn off** (apague) todas las opciones de descubrimiento.

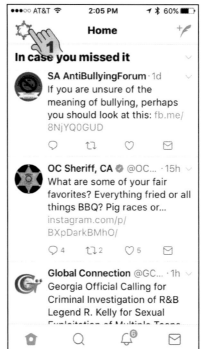

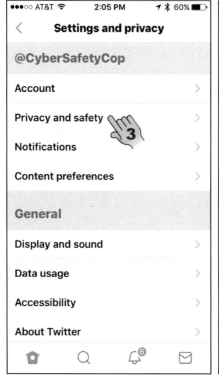

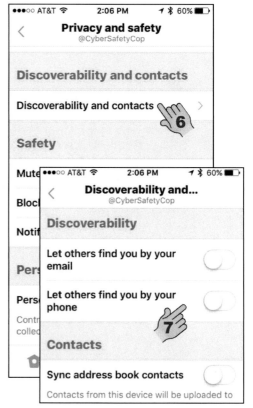

Configuraciones de Privacidad de Facebook

¿Cree usted que la página de Facebook de su hijo es privada y segura? ¿Puede usted comprobar que solo sus amigos pueden ver la información personal de su hijo, como la cuidad en la que vivimos, su cumpleaños o número de teléfono móvil?

Utilice los siguientes pasos para probar cómo es que su cuenta personal de Facebook o la de su hijo lucen para un extraño.

1. Vaya a su perfil y haga clic ••• en la esquina inferior derecha en la foto de la cubierta.
2. Haga clic en **View As** (vea como).

Un verdadero perfil privado debe mostrar solamente el nombre de la cuenta, la imagen del perfil y la foto de la cubierta. Si usted ve publilcaciones, fotos o información personal, usted necesita seguir las instrucciones en las siguientes páginas.

Configuraciones de Privacidad de Facebook
Navegador Desktop

1. Haga clic en **downward arrow** (flecha hacia abajo) en la esquina inferior derecha debajo de la foto en su cubierta.

2. Seleccione **Settings** (configuraciones).

3. Seleccione **Privacy** (privacidad).

4. Seleccione **Limit Past Posts** (limite las publicaciones pasadas) para que sus publicaciones viejas solo puedan ser vistas por usted y sus amigos.

   Seleccione **Confirm** (confirmar).

5. Usted puede usar **Activity Log** (usar el log de actividades) para ver todas sus fotos, comentarios y gustos. Usted puede administrar sus viejas publicaciones aquí, borrarlas una por una. No hay una opción de "**delete all**" (borrar todo).

Use Facebook as:

Create Ads

Advertising on Facebook

Activity Log

News Feed Preferences

Settings

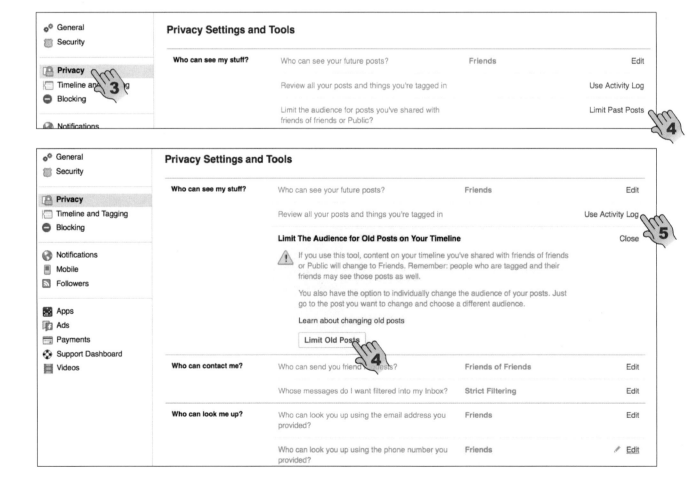

Configuraciones de Privacidad de Facebook
Navegador Desktop (Continuación)

5. En "**Settings**" (configuraciones) seleccione **Timeline and Tagging**. 6. Fíjelo en **Only Me** (solo yo) para la configuración de privacidad mucho más estricta. Las configuraciones que se indican abajo son las que se fijan en las opciones más privadas.

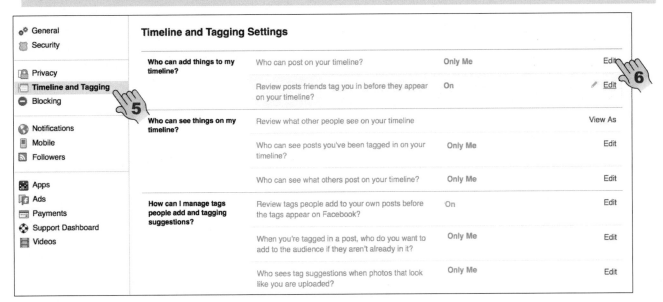

Configuraciones de privacidad de Facebook
Aplicación Móvil de iOS

1. Haga clic en **More** ☰ más en el menú inferior derecho.

2. Deslíce abajo el cursor y seleccione **Settings** (configuraciones) y luego seleccione **Account Settings** (configuraciones de la cuenta).

3. Seleccione **Privacy** (privacidad).

   Seleccione las mismas settings como para la versión de navegación desktop.

   Android (no se muestra)

1. Haga clic en el símbolo de **More** (mas)

2. Deslice abajo el cursor y seleccione **Privacy Shortcuts** (accesos directos de privacidad).

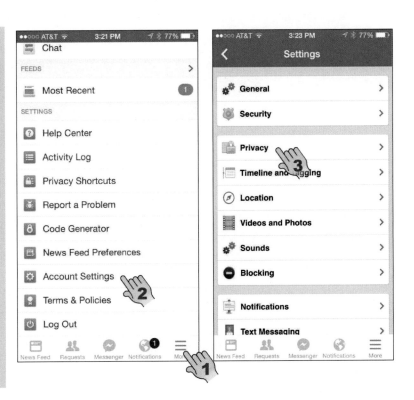

Para Bloquear el Abuso en Facebook
Navegador Desktop

1-2. Seleccione **Settings** (configuraciones) en el menú desplegable; 3. Selecione **Blocking** (bloquear); 4. Escriba el nombre o dirección de correo electrónico de la persona que usted quiere bloquear.

Para bloquear o reportar un comentario,

5. Haga clic en la **X** en la esquina superior derecha de la casilla para comentar sobre el mensaje.

6. Seleccione **Report** (reportar) o **Block** (bloquear).

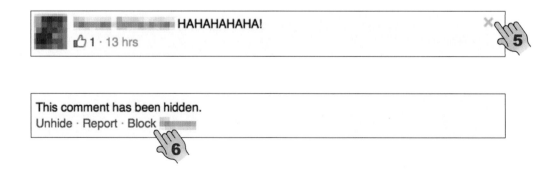

Aplicación para Compartir Configuraciones en Facebook Navegador Desktop

1. Las aplicaciones pueden compartir información y preferencias. Sus conexiones se mantienen aun después de que usted borre la aplicación parental en su dispositivo móvil.

   En el menú de **settings** (configuraciones), seleccione **Apps** (aplicaciones).

2. Borre las **apps** (aplicaciones) que usted ya no esté usando haciendo clic en la **X**.

3. Deslíce abajo el cursor y seleccione **Edit Apps Others Use** (edite las aplicaciones que otros usan).

4. Remueva la marca en la información que usted no quiere compartir con otras aplicaciones.

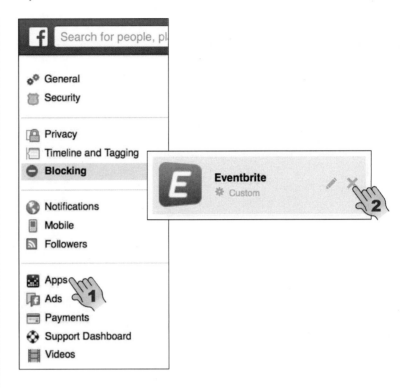

Apps Others Use   ✕

People on Facebook who can see your info can bring it with them when they use apps. This makes their experience better and more social. Use the settings below to control the categories of information that people can bring with them when they use apps, games and websites.

☐ Bio	☐ My videos
☐ Birthday	☐ My links
☐ Family and relationships	☐ My notes
☐ Interested in	☐ Hometown
☐ Religious and political views	☐ Current city
☐ My website	☐ Education and work
☐ If I'm online	☐ Activities, interests, things I like
☐ My status updates	☐ My app activity
☐ My photos	

If you don't want apps and websites to access other categories of information (like your friend list, gender or info you've made public), you can turn off all Platform apps. But remember, you will not be able to use any games or apps yourself.

Cancel   Save

Aplicación para Compartir Configuraciones en Facebook Aplicación móvil de iOS

1. Haga clic en **More** ☰ (más) en el menú inferior a la derecha.

2. Seleccione **Account Settings** (configuraciones de la cuenta).

3. Seleccione **Apps** (aplicaciones).

4. Seleccione **Logged in with Facebook** (ingrese con Facebook).

5. Seleccione la **app** (aplicación) que usted quiere borrar.

6. Seleccione **Remove App** (remover la aplicación) en la parte inferior de la pantalla.

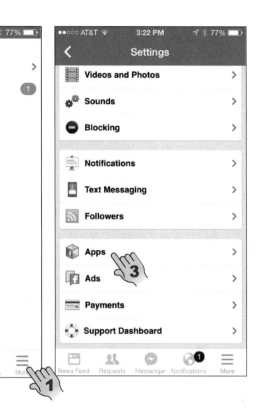

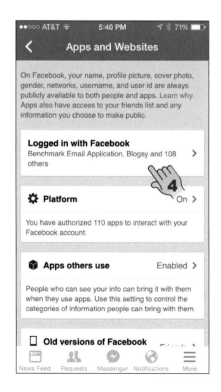

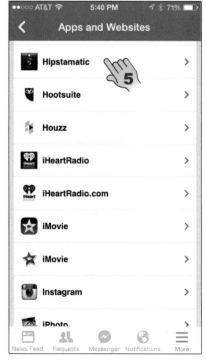

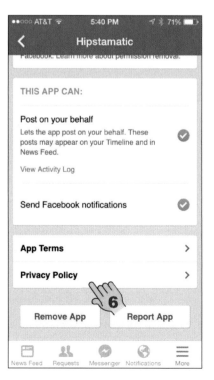

Bloquear el Facebook Messenger de iOS

1. Seleccione **Recent messages** (mensajes recientes).

2. Presione y mantenga presionado un mensaje para revelar el submenú. Para dejar de recibir mensajes de este contacto, seleccione **Mute** (enmudecer).

3. Seleccione cuánto tiempo quiere usted que el contacto se mantenga enmudecido.

4. Para bloquear **report the sender as spam** (reporte al remitente como spam), seleccione **More** (más).

5. Seleccione **Mark as Spam** (marque como spam).

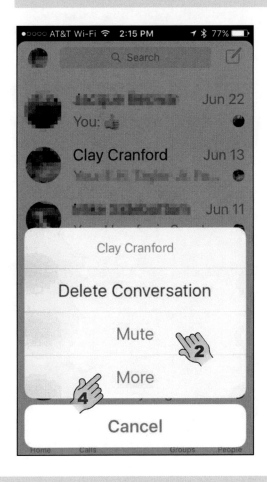
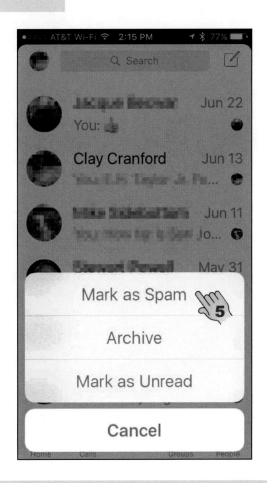

Bloquear el Facebook Messenger de iOS
(Continuación)

6. Para bloquear al contacto tanto de Facebook como de Facebook Messenger, toque la foto del perfil en la Ventana de mensajes.

7. Seleccione **View Profile** (ver el perfil).

8. Seleccione ••• **More** (más).

9. Seleccione **Block** (bloquear).

Android OS (no se muestra)

1. Vaya a **Settings** (configuraciones) y apague **Synced Contacts** (contactos sincronizados) y **Location** (ubicación).

2. Seleccione **Privacy** (privacidad) en los pequeños enlaces impresos en la parte inferior de la página de configuraciones.

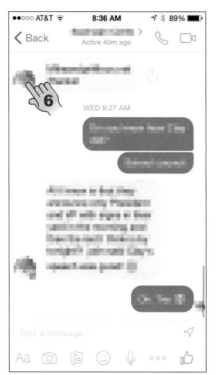

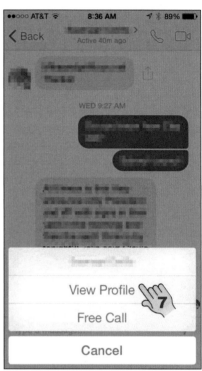

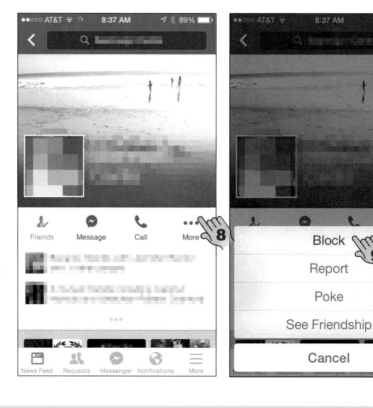

Entrenamiento de seguridad cibernética

Usted puede llevar el entrenamiento de Cyber Safety Cop a su escuela, lugar de trabajo, organización o agencia para el cumplimiento de la ley. Total Safety Solutions ofrece varias oportunidades de entrenamiento que pueden ser adaptadas para satisfacer las necesidades de su organización.

Seminario de Seguridad Cibernética para adultos

Basado en el aclamado libro de Clay Cranford, Educando a los Padres en el Mundo Digital (*Parenting in the Digital World*), este seminario de seguridad cibernética de 2 horas, preparará a los padres para que puedan supervisar eficazmente a sus hijos en los sitios web de los medios sociales, protegerlos de las amenazas en línea, y poder así traer de regreso a sus hogares un balance tecnológico.

En la clase se explica primero la tecnología y aplicaciones actuales que los adolescentes están usando para tener acceso al internet y a las redes de los medios sociales. En segundo plano, el acoso cibernético y otras amenazas en línea son definidas tomando en consideración las tendencias y ejemplos actuales del mundo real que Clay Cranford ha investigado en las escuelas. Y por último, a los participantes se les darán las herramientas y un plan de acción que ellos pueden empezar a usar inmediatamente para mantener a sus hijos seguros en línea.

Los participantes recibirán un Contrato de seguridad para el uso de internet y una Lista de verificación de seguridad cibernética. Esta clase es solo para adultos. No se permite la presencia de niños en este seminario.

Asamblea de Seguridad Cibernética para estudiantes

La seguridad cibernética para los estudiantes es una presentación interactiva de 40 minutos para estudiantes del 5.º al 12.º grado. Esta presentación puede ser impartida en un salón de clases o en un gimnasio a cientos de estudiantes. La seguridad cibernética para los estudiantes les ofrece la información que ellos necesitan para tomar buenas decisiones en su vida en línea. Adicionalmente, la clase de seguridad cibernética les mostrará las vulnerabilidades comunes para su seguridad y cómo ellos pueden hacer por sí mismos, que sus redes sociales sean más seguras. El programa se enfoca en la importancia de una reputación digital positiva y el impacto a largo plazo que el acoso cibernético y los mensajes con contenido sexual pueden tener en sus vidas. Entre los temas se incluyen los siguientes:

- No permitir extraños en su red social
- No compartir imágenes inapropiadas
- Crear una reputación positiva en línea
- Las consecuencias de mensajes agresivos, rudos o amenazantes

La seguridad cibernética para los estudiantes complementa la seguridad cibernética para los padres. Los conceptos que se cubren durante la clase para los estudiantes son explicados en la clase para los padres, permitiendo así que los padres les den seguimiento a sus hijos y refuercen lo que ellos aprendieron en la escuela.

Contacte al equipo de Cyber Safety Cop para aprender más detalles en: www.CyberSafetyCop.com

Acerca del Autor

CLAYTON CRANFORD ES
El Cyber Safety Cop
(policía de seguridad cibernética)

Clayton Cranford es un profesional del orden público que reside en el Sur de California, y es propietario de *Total Safety Solutions*. Clayton es uno de los educadores líderes del país en los medios sociales y en seguridad infantil. El creó *Cyber Safety Cop*, un programa de seguridad en el internet y en los medios sociales. Este programa les enseña a los padres y estudiantes cómo evadir los riesgos inherentes de los medios sociales y otras plataformas basadas en la red por medio de hábitos seguros.

Clayton tiene más de 20 años de experiencia en la enseñanza y ha figurado como presentador en la Conferencia Nacional sobre el Acoso (*National Conference on Bullying*), la Conferencia del Suróeste sobre el Tráfico de Humanos (*Southwest Conference on Human Trafficking*), la Asociación de Oficiales de California para la Prevención del Crimen (*California Association of Crime Prevention Officers*), y la Asociación Nacional de Oficiales de Recursos Escolares (*National Association of School Resource Officers*).

En el año 2015 Clayton fue galardonado el Premio Nacional por la Prevención del Acoso (*National Bullying Prevention Award*) otorgado por el Consejo para la Defensa de la Seguridad Escolar (*School Safety Advocacy Council*) y con la Medalla al Mérito otorgada por la Legión Americana (*American Legion Medal of Merit*) por su trabajo en la prevención del acoso.

Clayton fue también miembro del equipo de evaluación de amenaza escolar de California (*California's school threat assessment team*) en el Condado de Orange. Él ha investigado las amenazas y posesión de armas en casi 200 escuelas. Clayton también imparte enseñanza sobre investigaciones y evaluaciones de amenazas a agencias dedicadas al cumplimiento de la ley a través de todos los Estados Unidos.

Clayton se ha asociado con *Agape International Missions* (AIM), un líder en la lucha contra el tráfico sexual infantil en Cambodia. Clayton ha servido en el extranjero con AIM en el epicentro del tráfico sexual infantil en Cambodia y hace presentaciones en varias conferencias y simposios sobre el Tráfico de Humanos.

Clayton está casado y tiene dos hijos que adoran el internet y la tecnología. Clayton tiene una Licenciatura en Filosofía y una Maestría en Justicia Penal.

Notas

Notas

Made in the USA
Las Vegas, NV
04 February 2021